Komm zur Ruhe

Übungen, Tipps und Aktivitäten
für mehr Ausgeglichenheit

ullmann medien

Entschleunigung – das ist das zentrale Thema dieses Buches. Viel zu schnell vergessen wir in der Hektik des Alltags, was wir täglich an Schönem erleben, so sehr nimmt uns der Stress die Aufmerksamkeit und Anerkennung für die positiven Erlebnisse des Tages. Viele Menschen finden es normal, dass es täglich Momente gibt, in denen sie unter Druck stehen oder dass ein angefüllter Arbeitstag Erschöpfung mit sich bringt. Die in diesem Buch vorgeschlagenen Methoden sollen Ihnen konkret dabei helfen, die sich durch den Alltag ziehende Abfolge von Stresssituationen zu durchbrechen.

Man muss verstehen, dass wir unter Stress nicht immer gleich reagieren und dass es wichtig ist, die eigenen Grenzen zu kennen und die Tätigkeitsbereiche entsprechend zu definieren. Die gute Nachricht: SIE allein reagieren auf den Stress, das heißt, Sie können Stress in etwas Kreatives umwandeln und damit in eine nährende Tugend für Ihre persönliche Entwicklung.

Sie spüren es sicherlich oft genug am eigenen Leib: Ihr Körper reagiert auf alltägliche Stressituationen müde, angespannt und überlastet. Doch man kann lernen, wie man mit ihnen umgeht. Sie werden davon profitieren, wenn Sie auf den Körper hören, anstatt mit Schmerzen zu leben – oder noch schlimmer: eine ungeheure Müdigkeit zu spüren, die im Burn-out enden könnte.

Denken Sie daran: Die Sprache Ihres Körpers sollte Ihnen vertraut sein. Er ist im Laufe des Lebens weit davon entfernt, sich so schnell zu regenerieren wie früher, als ein schöner Spaziergang ausreichte, um Nervosität und Ärger zu kompensieren. Achten Sie auf die Warnungen, die Ihr Körper Ihnen mitteilt, um Anzeichen von Über- und Unterforderung zu erkennen.

Körperübungen können dabei helfen, Ihren Körper zu entspannen und zu entlasten. Im Zusammenhang mit der Atmung fördern sie die Körperflexibilität, lindern mentale und physische Belastungen und verleihen neue Energie. Aber seien Sie vorsichtig – Sie sollten nichts erzwingen. Vor allem, wenn Sie ungeübt sind, muss sich Ihr Körper erst an diese neue Form des Trainings gewöhnen. Es ist wichtig, in Ihrem eigenen Tempo zu üben – ohne große Anstrengung. Achten Sie auf Schmerzpunkte, wiederkehrende kleine Verspannungen, registrieren Sie, wie Ihr Körper zu Ihnen spricht.

Doch widmen wir uns in diesem Buch nicht nur körperlichen Aktivitäten, sondern präsentieren Ihnen auch Übungen und Tipps für die mentale und emotionale Ruhe und Achtsamkeit. In 52 einfachen Sequenzen finden Sie spielerisch und effizient Ihren ganz persönlichen Weg zur Achtsamkeit, das ganze Jahr hindurch. 52 Wochen, in denen Sie sich nach und nach praktische Kenntnisse aneignen und vertiefen, um Stress in allen Alltagssituationen vorzubeugen oder konkret zu bewältigen. Entspannen Sie sich beim Ausmalen eines Mandalas, lösen Sie Ihre Muskelverspannungen mit Körperübungen und Selbstmassage, heben Sie Ihre Stimmung mit Musik und den positiven Kräften

ätherischer Öle. Vielleicht möchten Sie sich mit bewährten Heilmitteln pflegen oder Sie gönnen sich einen entspannenden Baumspaziergang. Sie müssen sich natürlich nicht an die vorgegebene Reihenfolge halten. Das Angebot an kreativen Übungen und Tipps in diesem Buch ist breit gefächert und hilft Ihnen dabei, schnell ein eigenes Programm nach Ihren Bedürfnissen zusammenzustellen.

Entdecken Sie die vielfältigen Möglichkeiten der Stressbewältigung und nehmen Sie sich die Aufmerksamkeit, die Sie verdienen!

Es gibt Wichtigeres im Leben, als beständig dessen Geschwindigkeit zu erhöhen.

Mahatma Gandhi

Schreibatelier

Sie können Stress abbauen, indem Sie sich die Freiheit nehmen, alles zu sagen, was Sie fühlen, und aufzuschreiben, was Sie gern tun würden. Im Folgenden finden Sie eine Tabelle, in der Sie alles zum Ausdruck bringen können, selbst Dinge, die Sie sonst keinem Menschen jemals anvertrauen würden: das Beste, das Schlimmste, das Unerhörteste und das Eigenartigste! Die Themen sind nur als Vorschläge gemeint, Sie können jederzeit weitere hinzufügen.

Was ich sagen möchte – und zu wem

....

....

....

....

....

....

Unerhörtes, Unaussprechliches

....

....

....

....

....

....

Dummheiten, die ich machen möchte

....

....

....

....

....

....

Anderes

....

....

....

....

....

....

DAS UNZENSIERTE AUSDRÜCKEN DER EIGENEN GEDANKEN BEFREIT DEN GEIST. NEHMEN SIE SICH ZEIT DAFÜR.

Entspannen durch Kreativität

Ausmalbilder sind ein hervorragendes Mittel zum Stressabbau – darüber hinaus können Sie malen, wann immer Sie möchten. Beginnen Sie mit den Vorschlägen dieser Seite. Sie können die Übung dann, falls erforderlich, jederzeit auf einem leeren Blatt Papier fortführen.

◎ Zum unmittelbaren Abbau von Stress: Zeichnen Sie kleine Luftballons und malen Sie diese anschließend aus, indem Sie sie nur mit der Spitze Ihres Stifts auspunkten. Viel Spaß!

◎ Zum Abbau von Überbelastung: Zeichnen Sie Spiralen. Dabei beginnen Sie jeweils mit dem äußeren Ende der Spirale und arbeiten sich nach innen vor.

◎ Für mehr Sauerstoffzufuhr: Zeichnen Sie Striche. Beginnen Sie mit kurzen Strichen, die nach und nach immer länger werden.

◎ Gegen das Gefühl, keine Luft zu bekommen: Zeichnen Sie zwei vertikale Striche nebeneinander, dann führen Sie den Stift unten links beginnend in einer diagonalen Linie von einer Vertikalen zur anderen, bis Sie rechts oben am Blatt ankommen.

◎ Wenn Ihnen die Entschlusskraft fehlt, ja oder nein zu sagen: Zeichnen Sie Dutzende Ausrufezeichen oder kleine Kreuze, die Sie jeweils mit einem Punkt im Zentrum des Kreuzes abschließen.

◎ Zur Ablenkung und Entspannung: Zeichnen Sie nach oben offene Halbkreise und skizzieren Sie im Inneren dieser Halbkreis kleine Formen.

◎ Zur Steigerung der Energie: Zeichnen Sie Linien, die ihren Ursprung immer in der Mitte des Blattes haben.

◎ Spielerischer Zeitvertreib: Zeichnen Sie explodierende Feuerwerkskörper, die sich wie eine Blume öffnen.

DAS BEWUSSTE GESTALTEN VON SKIZZEN UND ZEICHNUNGEN LÖST INNERE SPANNUNGEN.

Aufmerksamkeit und Konzentration

Meditieren ist ein probates Mittel zur Steigerung der Konzentrationsfähigkeit. Doch das ist leichter gesagt als getan, denn immer wieder finden wir unbewusst Ausflüchte, es nicht zu tun. Führen Sie das folgende kleine Programm jeden Tag durch, egal wo Sie sich befinden, denn ein Ort ist so gut wie der andere. Sie werden feststellen, dass Sie Ihre Aufmerksamkeit und Konzentration steigern werden.

1 Unterbrechen Sie Ihre momentane Tätigkeit für einen Moment und beobachten Sie ganz einfach, was Sie umgibt. Fühlen Sie dabei Ihren Puls, wie in der nebenstehenden Abbildung gezeigt. Atmen Sie ruhig, um Ihren Herzschlag zu regulieren. Womöglich gehen Ihnen unzählige Kleinigkeiten im Kopf herum, Gedanken, Beurteilungen, Träumereien, Spannungsgefühle, die Ermüdung der Augen … Lassen sie all dies einfach ziehen, indem Sie sich mit Ihrem Puls verbinden.

2 Fixieren Sie ein Objekt oder einen Punkt im Raum und zählen Sie folgendermaßen: Beim Einatmen zählen Sie 1, beim Ausatmen zählen Sie 1, beim Einatmen zählen Sie 2, beim Ausatmen zählen Sie 2 und so weiter. So sind Sie gezwungen, sich ganz auf Ihren Atemrhythmus zu konzentrieren. Fahren Sie damit fort, bis Sie mindestens bei zehn Atemzügen angekommen sind.

3 Beobachten Sie nun erneut, was Sie umgibt: Vielleicht geht eine Person an Ihnen vorbei, sie riechen ein Parfüm, hören ein Geräusch … Sie notieren im Geiste: Parfüm, Geräusch, eine Person geht vorbei. Lenken Sie Ihre Aufmerksamkeit wieder auf Ihren Puls, der bereits ruhiger geworden ist, und notieren Sie im Geiste: ruhiger Puls. Wiederholen Sie die Übung noch einmal. Dann atmen Sie tief durch und nehmen Ihre Tätigkeit wieder auf.

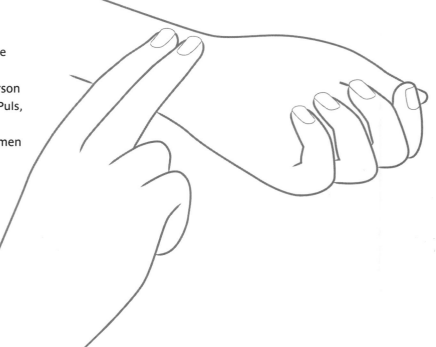

SIE SIND PRÄSENTER IM HIER UND JETZT, WENN SIE IN KONTAKT MIT IHREM PULS BLEIBEN.

Die Wärme der Sonne

◎ Die Sonne wärmt. Ist man weit von ihr entfernt, ist einem kalt, in zu großer Nähe verbrennt man. Sie kommen emotional zur Ruhe, indem Sie jeden Sonnenstrahl ausmalen und dabei jeweils an einen anderen Menschen denken. Womöglich haben Sie Lust, manch eine oder einen zu erwärmen, andere wiederum frieren zu lassen, einige wenige vielleicht sogar ein bisschen zu verbrennen, weil Sie Ihnen auf die Nerven gehen. Lassen Sie sich gehen!

◎ Schreiben Sie einige Worte dazu auf, wie Sie sich von Menschen, die wie Gift auf Sie wirken, lösen könnten:

Denken Sie über diesen Satz nach:

Lass dir nicht von negativen Menschen deine Freude stehlen: Wenn du deine Freude verlierst, verlierst du deine Stärke.

Nelson Mandela

Gesundheitstipp

Massieren Sie regelmäßig die natürliche Linie, die sich von der Kehle abwärts bis zum Bauchnabel zieht. Das lässt Sie emotional zur Ruhe kommen.

Atmung kontrollieren

Die Atmung ist ein wirksames Mittel, um Stress abzubauen. Richtig zu atmen ist zugleich eine Lebenskunst. Es ist unerlässlich, im Tagesverlauf regelmäßig eine Bestandsaufnahme Ihrer Atemkapazität zu durchzuführen. Es gibt keinen Grund, weshalb Sie – sei es infolge von psychischem Druck oder Ängsten – unter Sauerstoffmangel oder -übersättigung leiden müssten.

Kleines Programm für das Atemgleichgewicht zum täglichen Gebrauch

◎ Trinken Sie mindestens ein halbes Glas Wasser.

◎ Einmal in der Stunde nehmen Sie sich einen Moment Zeit und legen ganz einfach eine Hand auf Ihren Bauch. Sie atmen über die Nase ein und drücken den Bauch ganz bewusst heraus, also gegen Ihre Hand. Sie atmen über den Mund aus und ziehen den Bauch dabei ein. Machen Sie diese Atemübung mindestens siebenmal. So finden Sie zu und in sich selbst zurück, Sie entspannen die Bauchmuskulatur und die Sauerstoffversorgung funktioniert einwandfrei.

◎ Reiben Sie Ihre Hände aneinander und massieren Sie mit den erwärmten Handflächen Ihren Bauch eine Minute lang sanft im Uhrzeigersinn. Diese Bauchmassage wird Sie entspannen!

◎ Mit Zeigefinger und Daumen dehnen Sie die Ohrläppchen und anschließend jeden Teil Ihres Ohrs. So entpannen Sie das Gesicht und lockern den Kiefer.

◎ Trinken Sie nochmals ein halbes Glas Wasser.

DIE RICHTIGE ATMUNG WIRKT SOFORT, UM ZUR RUHE ZU KOMMEN.

Körperübung

Angstzustände können auch auftreten, wenn Sie sich zu lange nicht die Zeit nehmen, sich um sich selbst zu kümmern. Sie sollten jedes Wochenende mindestens eine Stunde einplanen, um wieder aufzutanken. Hier finden Sie einige Übungen, um die drei „Etagen" Ihrer Atmung (Bauch, Lunge und obere Lunge) zu harmonisieren, die Bauchmuskulatur zu entspannen und Ihren ganzen Körper und sämtliche Organe gut mit Sauerstoff zu versorgen.

1 Beim Einatmen wölben Sie den Bauch nach außen, dann atmen Sie langsam aus (dreimal).

2 Beim Einatmen wölben Sie den Brustkorb nach außen, dann ausatmen (dreimal).

3 Beim Einatmen wölben Sie zuerst den Bauch, dann den Brustkorb nach außen, wobei Sie leicht die Schultern hochziehen, dann ausatmen (dreimal).

4 Bleiben Sie in derselben Position und wiederholen Sie die Übungsfolge. Doch dieses Mal beugen Sie jeweils zusätzlich die Knie und führen die aneinandergelegten Fersen Richtung Beckenboden.

5 Führen Sie die Übungsfolge erneut durch. Dieses Mal beugen sie nicht nur die Knie, sondern führen zusätzlich beim Einatmen die gestreckten Arme nach hinten und legen sie beim Ausatmen wieder neben dem Körper ab.

REGULIEREN SIE IHRE GEMÜTSLAGE DURCH ENTSPANNUNG, BEVOR ORGANISCHE BESCHWERDEN AUFTRETEN.

In Stille zu verharren ist nicht so einfach, wie man denkt. Sie haben bereits erprobt, sich in der Meditation ganz auf Ihren Atem zu konzentrieren. Manche werden nur wenig mit störenden Gedanken zu kämpfen gehabt haben, andere werden bei der Atemübung vielleicht festgestellt haben, dass sie ohne Unterlass denken, träumen und in Gedanken abschweifen.

Nun schärfen Sie Ihr Bewusstsein dafür, wie laut Sie eigentlich sind und wie sehr damit beschäftigt, etwas kundzutun, ganz besonders dann, wenn Sie gerade schweigen sollten. Indem Sie sich das bewusst machen, können Sie den Moment besser wahrnehmen, können akzeptieren, dass jede Lebensäußerung, selbst die Bewegung, als Träger von Information fungiert. Zugleich können Sie in diesen Momenten ganz mit sich selbst die eigenen Bedürfnisse erkennen, denn nach und nach werden Sie unterscheiden können, ob Sie sich in Harmonie oder Disharmonie befinden. Mit der Atmung können Sie in solchen Situationen korrigierend eingreifen.

Daher sollten Sie mehrmals täglich Anti-Stress-Pausen von zwei bis drei Minuten einlegen. Hier einige Optionen:

◎ Nehmen Sie sich die Zeit, Ihre Aktivitäten an Ihrem jeweiligen Aufenthaltsort zu unterbrechen. Sie verbinden sich mit Ihrem Atemzyklus und beobachten die Menschen, das Geschehen um Sie herum, die Geräusche, Farben und Gerüche. Doch dabei bleiben Sie ganz auf sich selbst bezogen. Sie verlieren sich nicht in dem, was Sie umgibt. Sie finden Ihre innere Ruhe.

◎ Sie bleiben stehen, wo Sie gerade sind. Sie tun nichts anderes, als in sich hineinzuhorchen, ob Sie sich in Harmonie befinden oder nicht. Sie atmen ruhig und sind achtsam, horchen auf Ihre Bedürfnisse. Womöglich möchten Sie etwas trinken, ein paar Schritte gehen, um Luft zu schnappen, Ihre Gedanken vorüberziehen lassen. Öffnen Sie das Tor zur Entspannung und nehmen Sie dann Ihre Tätigkeit behutsam wieder auf.

NEHMEN SIE SICH JEDEN TAG EINIGE MINUTEN, UM IN STILLE ZU SICH SELBST ZU KOMMEN.

Meditation in der Natur

Eine Meditation in der Natur bereitet Freude und beruhigt Geist und Seele. Vollziehen Sie diese kleine, produktive Übung mindestens einmal pro Woche Schritt für Schritt.

1 Suchen Sie sich einen Platz in der Natur, der Sie emotional berührt. Lassen Sie Ihren Blick schweifen, wohin es ihn zieht, fixieren Sie nichts, Ihre Augen streifen umher. Nach einiger Zeit bleiben Sie stehen und atmen ruhig.

2 Schließen Sie Ihre Augen. Richten Sie Ihre Aufmerksamkeit nur auf das, was Sie hören, zunächst auf die gesamte Geräuschkulisse, dann auf die Geräusche, die aus der Ferne kommen, und schließlich auf jene aus der Nähe. Horchen Sie dann auf tiefe und anschließend auf hohe Töne. Nach den Geräuschen sind die Gerüche an der Reihe: Wie riecht die Natur? Trocken oder feucht? Verströmt sie den Duft von Blumen, Harz, Früchten oder vermodernden Blättern? Fühlen Sie einen – womöglich fast unmerklichen – Luftzug. Ist er angenehm oder unangenehm? Verweilen Sie so einige Minuten, lassen Sie sich ganz von der Stimmung des Ortes, der Ihnen sein Wesen offenbart, einnehmen.

3 Atmen Sie ruhig, wobei Sie lange ausatmen. Reiben Sie Ihre Handflächen aneinander und legen Sie die warmen Hände auf Sonnengeflecht und Bauch. Schließen Sie die Augen. Massieren Sie Ihren Bauch mit der einen Hand kreisförmig im Uhrzeigersinn, während Sie die andere ruhig liegen lassen. Reiben Sie die Handflächen erneut aneinander und positionieren Sie sie wie gehabt. Dieses Mal bleibt die Hand, die vorher massiert hat, auf dem Bauch liegen, während die andere über dem Sonnengeflecht kreist. Bleiben Sie mit Ihrem Atem in Verbindung und lassen Sie sich einfach von der Energie des Ortes einhüllen, ohne etwas verstehen oder erklären zu wollen. Genießen Sie den Augenblick.

4 Reiben Sie sanft über Ihr Gesicht, um in die Realität zurückzukehren. Bewahren Sie sich das wohlige Gefühl, wenn Sie nun wieder Ihren normalen Tätigkeiten nachgehen.

Tägliche Selbstkontrolle

Wenn sich die Anforderungen oder Probleme häufen und Sie gar nicht wissen, wie Sie das alles bewältigen sollen, machen Sie es sich zur Gewohnheit, täglich Bilanz zu ziehen, um ein Übermaß an Informationen zu vermeiden. Das Gehirn kann nur eine begrenzte Menge verarbeiten. Bei einem Übermaß an Reizen und Informationen besteht die Gefahr, dass es in einen Schutzmodus fällt und wie bei einer elektrischen Sicherung die Stromzufuhr komplett unterbricht.

Seien Sie wohlwollend mit sich selbst, gerecht und fürsorglich. Dazu gehört auch ein selbstkritischer Blick, jedoch ohne Werturteil. Dies ist um so wichtiger, wenn Sie Kinder haben und sich zu Ihrer Arbeit noch die elterliche Verantwortung für den täglichen Familienalltag gesellt.

1 Besorgen Sie sich einen kleinen Spiralblock.

2 Auf der linken Seite notieren Sie jeweils:

◎ Verpflichtungen, die ein Problem darstellen können: Einkäufe, Abgabe eines Berichts, Planung des Abendessens, ein schwieriges geschäftliches Treffen etc.

◎ Mögliche Ärgernisse: eine wichtige Akte trifft nicht rechzeitig ein, eine Grippe kündigt sich an …

◎ Unvorhergesehene Ereignisse des Tages (am Tagesende notieren): eine zusätzliche Arbeit, ein Treffen wird an einen anderen Ort verlegt, ein nach hinten verschobenes Meeting …

3 Auf der rechten Seite tragen Sie konkrete Lösungen ein, das, was sie jeweils beisteuern können. Jede gelöste Aufgabe wird durchgestrichen.

Seien Sie nachsichtig mit sich selbst. Sie sind nicht Superwoman oder Superman! Die Idee hinter dem Protokoll ist, dass Sie die Situationen herausfiltern, die wiederholt zu Problemen führen. Ist es etwa das ständige Kranksein, so weist das darauf hin, dass man sich um seine Gesundheit kümmern sollte. Verfällt man immer wieder in Angstzustände wegen der Arbeit, braucht es an dieser Stelle Lösungen. Ziel ist es, die Probleme nach und nach genau zu erfassen und an der Wurzel zu packen: Konzentrationsmangel, unnötiger Energieverlust, ein Gefühl von Abwesenheit etc.

DAS SORTIEREN VON GEDANKEN UND IDEEN VERHINDERT DIE MENTALE ÜBERHITZUNG.

Visualisierung

In der psychiatrischen Entspannungstechnik wird die Visualisierung genutzt, um schnell einen beruhigenden Rahmen zu schaffen, ein positives Bild vom gegenwärtigen Augenblick. Bei dieser Technik des Visualisierens ist vor allem wichtig, dass Sie behutsam vorgehen, einen Schritt nach dem anderen machen und dabei keine Etappe, kein einziges Element auslassen. Nur so werden Sie schließlich in der Lage sein, sich vor dem Einschlafen in den Bergen zu wähnen oder zur Konzentration vor einem wichtigen Treffen in der weiten Wüste. Die Visualisierung ist eine praktische und konkrete Technik zum Abbau von Stress. Im folgenden finden Sie ein Gerüst, das Sie nach Ihren eigenen Bedürfnissen ausbauen können.

1. Sie liegen an einem weißen Sandstrand, Sie atmen ruhig. Können Sie den Strand erkennen?

2. Sie liegen an einem weißen Sandstrand und der Himmel ist blau. Sehen Sie den blauen Himmel?

3. Sie liegen an einem weißen Sandstrand, der Himmel ist blau und die Sonne leuchtet gelb im Zenit. Können Sie das Gelb der Sonne ausmachen?

4. Sie liegen an einem weißen Sandstrand, der Himmel ist blau und die Sonne leuchtet gelb im Zenit. Auf dem Meer fährt ein Schiff mit schönen weißen Segeln. Erkennen Sie das Segelschiff?

5. Sie liegen an einem weißen Sandstrand, der Himmel ist blau und die Sonne leuchtet gelb im Zenit. Auf dem Meer fährt ein Schiff mit schönen weißen Segeln. Ein Vogel schlägt Ihnen vor, auf seinem Rücken zu reisen. Sehen Sie den Vogel?

6. So geht es Schritt für Schritt weiter. Mit jedem Schritt ergänzen Sie ein weiteres Element, auf das Sie Lust haben. Zum Beispiel: Sie klettern auf den Vogel und fliegen übers Meer, Sie treffen wunderbare Freunde …

7. Sie beenden Ihre Entspannungsübung, indem Sie visualisieren, wie Sie an den Strand und dann in die Realität des Hier und Jetzt zurückkehren.

NUTZEN SIE IHRE UREIGENEN TRAUMBILDER, DAMIT SIE NOCH INTENSIVER EINTAUCHEN KÖNNEN.

Meditationsprogramm

Das Meditieren in freier Natur kann im Stehen oder Gehen erfolgen. Hier finden Sie eine Meditation, die beides beinhaltet und Sie beruhigen wird. Sie kann zu allen Jahreszeiten durchgeführt werden.

1 Gehen Sie langsam und nehmen Sie Kontakt mit der Natur auf, das heißt, Sie verbinden sich visuell. Zunächst geht Ihr Blick für fünf Minuten in die Ferne, Sie nehmen die Details wahr, ohne jedoch etwas zu interpretieren. Dann sehen Sie sich die Dinge in mittlerer Distanz genau an, dabei setzen Sie immer Schritt vor Schritt, ebenfalls fünf Minuten lang. Nun richten Sie Ihren Blick auf das, was Sie direkt umgibt, etwa in etwa einer Distanz von zehn Metern. Wiederum schauen Sie genau hin, nehmen die Einzelheiten wahr, ohne sie zu beurteilen. Nun sind bereits 15 Minuten vergangen, in denen Sie Ihre Sorgen beiseite gelassen haben.

2 In dieser Phase richten Sie Ihre Aufmerksamkeit allein auf das, was Sie hören: Jeweils fünf Minuten lauschen Sie auf alles in der Ferne, in mittlerer Distanz und in der Nähe. Insgesamt 15 Minuten Aufmerksamkeit für alles, was Sie an Geräuschen, Tönen, Klängen umgibt.

3 Setzen Sie sich jetzt ruhig hin und richten Sie Ihre Aufmerksamkeit ganz auf die Luft, die über die Nase ein- und ausströmt. Nun beginnen Sie, Ihre Augen und Ohren wandern zu lassen, sie wenden sich dorthin, wo sie mögen. Sie werden merken, dass Sie aufnahmefähig und achtsam sind, ihre Umgebung mit allen Sinnen wahrnehmen, sich gestärkt und in Austausch mit der Natur fühlen. Tiere zeigen dieses Verhalten übrigens ganz instinktiv.

DIE NATUR KANN HINSICHTLICH SEHEN, RIECHEN UND HÖREN UNMITTELBAR AUSGLEICHEND WIRKEN.

Entspannungsmassage

Machen Sie es sich zur Gewohnheit, Ihren Stresspegel zu prüfen, verbunden mit einer Massage. Das erfordert nur einige Minuten. So werden Sie schon bald in der Lage sein, Ihr inneres Gleichgewicht zu beeinflussen bzw. verbessern zu können.

1 Atmen Sie ruhig und scannen Sie in Gedanken Ihren Körper von oben nach unten. Fühlen Sie zunächst, ob Ihr Gesicht angespannt ist. Wenn ja: Beim Ein- und Ausatmen schicken Sie Ihren Atem, den Sie zuvor mit einem Gefühl des Wohlseins angereichert haben, im Geist zu den sensiblen Stellen des Gesichts. Massieren Sie zusätzlich Wangen, Stirn, Schläfen und die Konturen der Ohren.

2 Führen Sie Ihren Ganzkörperscan mit Oberkörper, Becken und Beinen fort. Massieren Sie die Stellen zur Entspannung und sei es nur für einige Augenblicke. Sie hauchen jedem Körperteil ein positives Gefühl ein, konstruktiv unterstützt von der Atmung. Sie kümmern sich um sich, um Ihren Körper, Ihr „Fahrzeug" auf Erden. Sie haben nur den einen Körper für dieses Leben, seien Sie also achtsam und liebevoll mit ihm. Die Aufmerksamkeit, die Sie Ihrer Gesundheit und Ihrem Wohlsein schenken, ist schon für sich eine wichtige Meditation.

3 Nehmen Sie sich ein paar Augenblicke, um auf einem Blatt Papier herumzukrakeln. Nutzen Sie dieses Hilfsmittel, damit sich Ihr Geist austoben kann, skizzieren Sie Ihre Gedanken, Ihre Nervosität. Sie entlassen sie in Form von schnell oder langsam Hingekritzeltem. Schreiben Sie Worte, Buchstaben, punkten Sie mit der Stiftspitze auf dem Blatt herum. Das bringt Entspannung.

4 Wenn Sie sich ruhiger fühlen, nehmen Sie sich die Zeit für einige Atemzüge der Art, die Entspannung fördern: Atmen Sie länger aus als ein. Kehren Sie zu sich zurück, fühlen Sie die innere Ruhe, prüfen Sie Ihre Körperhaltung, korrigieren Sie diese falls erforderlich (gerader, aber nicht angespannter Rücken). Am Ende zerknüllen oder zerreißen Sie das Papier und werfen es mit dem wahrhaftigen Vorhaben, Ihre Anspannungen nun hinter sich zu lassen und zu anderem überzugehen, in den Papierkorb.

Körperentspannung

Versuchen Sie regelmäßig eine Entspannungsübung durchzuführen. 20 Minuten Körperentspannung wirken wie zwei Stunden Schlaf. Hier finden Sie als Hilfestellung einen Basistext, den Sie jedes Mal mit Ihren eigenen Worten erweitern. Nehmen Sie bewusst die Empfindungen wahr, die Ihr Körper aussendet, es sind Informationen über Ihre aktuelle Verfassung, ob Sie angespannt sind oder nicht, nahe am Stress oder nicht. Sie werden merken, dass es häufig dieselben Körperregionen sind, die immer wieder unter Anspannung leiden. Widmen Sie diesen besondere Aufmerksamkeit.

1 Machen Sie es sich bequem, sei es auf einem Stuhl oder liegend auf einem Bett.

2 Schließen Sie sanft die Augen.

3 Erfühlen Sie für einige Sekunden den Gesamtzustand Ihres Körpers.

4 Atmen Sie behutsam und senden Sie mental die Nachricht aus: „Ich bin ganz ruhig". Spüren Sie, wie sich Ruhe in Ihnen ausbreitet.

5 Wiederholen Sie mehrmals: „Mein Gesicht ist entspannt." Dabei atmen Sie ruhig und empfinden achtsam, wie sich Ihre Gesichtsmuskeln entspannen.

6 Wiederholen Sie mehrmals: „Meine Arme sind entspannt." Dabei atmen Sie ruhig und empfinden achtsam, wie sich Ihre Armmuskeln entspannen.

7 Wiederholen Sie mehrmals: „Meine Beine sind entspannt." Dabei atmen Sie ruhig und empfinden achtsam, wie sich Ihre Beinmuskeln entspannen.

8 Wiederholen Sie mehrmals: „Mein ganzer Körper ist entspannt." Dabei atmen Sie ruhig und empfinden achtsam, wie sich Ihr ganzer Körper entspannt.

9 Verweilen Sie noch einen Moment und genießen Sie Ihr Gesamtbefinden, dann gähnen Sie bewusst und nehmen Ihre Tätigkeiten wieder auf.

BEEINFLUSSEN SIE MIT REGELMÄSSIGEN ENTSPANNUNGSÜBUNGEN BEWUSST IHREN STRESSPEGEL.

Meditativer Spaziergang

Viele von uns unternehmen meditative Spaziergänge, ohne sich dessen bewusst zu sein: Wir gehen spazieren, um uns zu entspannen, uns Sauerstoff zuzuführen, etwas hinter uns zu lassen. Der Unterschied hier ist, dass Sie sich die Zeit nehmen werden, bewusst zu spüren, in die „Kunst der Bewegung" einzutauchen. Die Methode setzt dem Stressmodus ein Ende, denn Sie sind gezwungen, ganz im gegenwärtigen Augenblick zu sein. Um sich selbst dieses Spazierengehen „schmackhafter" zu machen, kombinieren Sie es mit einem bestimmten Geschmack, so wird es attraktiver. Sie können den Spaziergang mit Kollegen, mit der Familie oder allein unternehmen.

1 Sie wählen eine bestimmte Strecke aus, zum Beispiel zwischen einem Weg in der Nähe und einem weiter entfernten Feld (oder von einer Straße zu anderen). Sie richten den Blick vor sich auf den Boden und nehmen alle Einzelheiten Ihrer Bewegung wahr. Beginnend bei den Beinen: Sie spüren, wie der Fuß sich hebt, das Knie der Bewegung folgt, das Bein sich beugt und sich nach vorn bewegt, während die Hüfte arbeitet, die obere Körperhälfte in Bewegung kommt, den anderen Fuß dazu verleitet, sich zu spannen und bald darauf zu heben etc. Auf dieselbe Weise beobachten Sie anschließend Hände und Arme, Oberkörper und Rücken etc. Bei diesem Vorgehen sind Sie sofort ganz in der Gegenwart, bei sich, bei Ihrem Körper.

2 Wenn Sie ausreichend Erfahrung mit der Übung haben, gehen Sie mit einem bestimmten Geschmack im Mund spazieren (Lakritz, Orangenschale etc). Sie werden sehen, dass Ihr ganzer Seinszustand die Farbe und den Geschmack dessen annimmt, was Sie kauen.

3 Verbinden Sie den Spaziergang mit einem Atemrhythmus und trainieren Sie Ihre Ausdauer auf flachem Terrain. Dieses Mal nehmen Sie nicht jede einzelne Bewegung unter die Lupe. Ein Schritt entspricht einem Bein, das nach vorn geht. Atmen Sie bei den ersten drei Schritten ein, halten Sie beim vierten Schritt die Luft an, während der nächsten drei Schritte atmen Sie aus. Machen Sie einen weiteren Schritt, bevor Sie wieder einatmen. Wenn Sie sich an den Rhythmus gewöhnt haben, verändern Sie ihn auf vier oder fünf Schritte (wobei der Schritt ohne zu atmen, einmal mit voller, einmal mit leerer Lunge, beibehalten wird). Sie werden bemerken, dass Sie auf langen Distanzen auf flachem Terrain deutlich weniger ermüden.

Körperübung

Hier finden Sie eine kleine Atem- und Bewegungsfolge, die Ihnen morgens nach dem Aufstehen hilft, sich von der Nacht zu lösen und ohne Umschweife in der Gegenwart anzukommen. Ihr erster Reflex beim Aufwachen: das „Zurechtrücken" der Muskeln, die durch die oft nicht idealen Schlafpositionen außer Form sind. Selbstverständlich führen Sie die Dehnungen sanft aus, in Ihrem eigenen Rhythmus und ohne es zu übertreiben!

1   Noch im Bett dehnen Sie Ihre Wirbelsäule. Strecken Sie die ineinandergelegten Hände über Ihrem Kopf aus. Beim Einatmen durch die Nase beugen Sie sich nach rechts, beim Ausatmen durch den Mund kommen Sie in die Mitte zurück. Beim nächsten Einatmen durch die Nase beugen Sie sich nach links, beim Ausatmen durch den Mund kommen Sie in die Mitte zurück. Dreimal ausführen.

2   Auf dem Rücken liegend führen Sie beim Einatmen ein Knie Richtung Bauch, beim Ausatmen legen Sie das Bein wieder ausgestreckt ab. Gehen Sie zum anderen Bein über und beenden Sie die Übung, indem Sie beide Knie gleichzeitig beugen und strecken. Das Ganze dreimal ausführen.

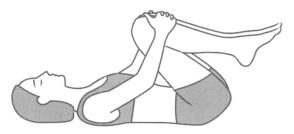

3   Setzen Sie sich so hin, dass Sie den Rücken gegen eine Wand lehnen können. Breiten Sie die Arme beim Einatmen nach oben aus. Beim Ausatmen Arme zurückführen.

DAS WAR'S SCHON. WILLKOMMEN BEI SICH SELBST IN DER GEGENWART!

Fokussierende Meditation

Diese Meditationsform beruht ganz explizit auf der Macht der Konzentration. Schrittweise aufgebaut, beginnt die fokussierende Meditation an einem präzisen Konzentrationspunkt und entwickelt sich stufenweise. Mit ihrer Hilfe können Sie sich ziemlich rasch von Ihrem Stress lösen und innere Harmonie finden. Vergessen Sie nicht, dass Stress eine normale körperliche Reaktion auf äußere (aggressive Person, schwierige Situation) oder innere (momentane Gereiztheit, persönliche Wut) Reize ist. Doch da Sie selbst es sind, der den Stress kreiert, können Sie ihn auch minimieren!

1 Wählen Sie Ihr Objekt pragmatisch aus, nehmen sie nichts, dass ein Abschweifen fördern könnte (wie etwa ein Foto Ihrer Kinder), sondern eher etwas Neutrales. Manche Meditierende suchen sich eine Streichholzschachtel aus, um dem vorzubeugen, dass ihre Gedanken abschweifen. Richten Sie Ihren Blick drei Minuten auf das Objekt und lassen Sie Ihren Atem zur Ruhe kommen. Wenn Sie ein Gedanke in Ihrer Konzentration stört, leiten Sie Ihre Aufmerksamkeit direkt wieder auf das Objekt, seine Form, seine Farbe. Ihre Aufmerksamkeit ist ausschließlich auf das Objekt gerichtet.

2 Während der nächsten drei Minuten, den Blick weiterhin auf dem Objekt, interessieren Sie ausschließlich Geräusche und nichts anderes: das Knacken des Parketts, die Autos in der Ferne, das Zwitschern der Vögel, die Menschen auf der Straße. Verirrt sich Ihr Geist zu einer Empfindung wie „Hunger", lenken Sie Ihren Blick ganz aufmerksam auf das Objekt und kehren zur Wahrnehmung der Geräusche zurück.

3 Nehmen Sie sich weitere drei Minuten Zeit. Ihr Blick ruht immer noch auf dem Objekt, Sie hören auf die Geräusche: Achten Sie auf die Empfindungen Ihres Körpers, herabhängende Schultern, die Sie ausrichten, leicht angespannte Armmuskeln, verkniffenes Gesicht etc. Fahren Sie in dieser Form mit der Meditation fort, wobei Sie einen Konzentrationspunkt nach dem anderen hinzufügen.

MEDITIEREN FÖRDERT IHRE KONZENTRATION.

Stressabbau durch Körperübungen

Stress führt am Ende oft dazu, dass wir von unseren Empfindungen abgeschnitten sind, er lähmt unsere Sensoren. Stressabbau beginnt mit dem Wunsch, sich um sich selbst zu kümmern.

Diese Übungsfolge für das Wohlergehen bringt Sie dazu, wieder gut in Kontakt mit Ihrem Körper zu kommen. Sie werden die Augen schließen und alle Bewegungen spüren, die Sie ausführen. Nehmen Sie jede Empfindung bewusst wahr und verstärken Sie die Wirkung der physischen Aktion behutsam mit dem Empfinden – dem Gefühl, sich selbst etwas Gutes zu tun, dem Gedanken, dass Sie sich gut um sich kümmern. Wertschätzen Sie Ihr Tun und Ihren Wunsch nach Entwicklung.

1 Beginnen Sie im Stand. Die Knie sind leicht gebeugt. Atmen Sie ruhig über die Nase ein und kreuzen Sie dabei die Arme vor der Brust. Die Ellbogen liegen am Körper, die Handflächen zeigen nach innen. Atmen Sie langsam durch den Mund aus, die Lippen formen einen Kussmund. Dabei falten Sie Ihre Arme nach vorn auseinander und führen sie anschließend nach unten parallel zum Körper.

Siebenmal ausführen.

Prüfen Sie nach jeder Bewegung, dass Ihre Fußgewölbe gut auf dem Boden verankert sind, wie die Wurzeln eines Baumes.

2 Laufen Sie zwei bis drei Minuten auf der Stelle, als wollten Sie joggen, und spüren Sie, wie sich Ihr Herzschlag etwas beschleunigt. Anschließend atmen Sie mehrmals lange aus, wobei Sie jeweils Ihren Oberkörper nach vorn beugen, mit einer Handfläche auf dem Bauch, der sich nach innen zieht. Dann stoßen Sie sämtliche Luft in der Lunge aus.

Reiben Sie nun mit den Handflächen über die Oberschenkel, dann über den Oberkörper, als wollten Sie Brotkrümel fortwischen.

3 Bleiben Sie mit geschlossenen Augen ruhig stehen und richten Sie Ihre Aufmerksamkeit auf Ihren ganzen Körper – wo spüren Sie Spannungen, wo fühlt er sich gelockert an?

Atmen Sie ein und aus, bringen Sie jedem Körperteil ein postives Gefühl entgegen, wertschätzen Sie Ihren Körper.

STIMMEN SIE IHRE ATMUNG GUT AUF IHRE BEWEGUNGEN AB, DAS VERTIEFT DIE ENTSPANNUNG BZW. LOCKERUNG.

Auf Stress richtig reagieren

Wenn Stress immer mehr Teil des alltäglichen Lebens wird, haben Sie keine andere Wahl, als ihn zum Auslöser für Veränderung zu machen. Betrachten Sie das vorgeschlagene Vorgehen als Training, das in Ihrem Gehirn eine reflexartige Antwort auf Stress einschreibt. Das Gehirn ist ständig am Lernen, lernen Sie es zu programmieren!

1 Legen Sie sich hin und schließen Sie die Augen. Richten Sie Ihre Aufmerksamkeit auf jeden Teil des Körpers. Entspannen Sie sich.

2 Achten Sie nun auf die Luft, die Sie durch die Nase ein- und ausatmen.

3 Erinnern Sie sich an einen Ort, an dem Sie etwas Angenehmes erlebt haben.

4 Lassen Sie die Erinnerung auf Ihrem geistigen „Bildschirm" Raum greifen. Sehen Sie etwas genauer hin, spüren Sie den Raum, die Ruhe, die Ausgeglichenheit.

5 Woraus setzt sich der Ort zusammen? Welche Farben hat er? Welche Menschen sind anwesend? Versuchen Sie die Geräusche zu hören, die Gerüche zu riechen.

6 Stellen Sie sich vor, dass Sie bestimmte Elemente des Ortes berühren, zum Beispiel Blätter oder Steine. Nehmen Sie die Düfte wahr, die von diesen Objekten ausgehen.

7 Versetzen Sie sich im Geist selbst an diesem Ort. Sie sind heiter und entspannt. Nutzen Sie diesen Moment, um ruhig zu atmen, sich gut zu fühlen, friedvoll und ausgeglichen. Tanken Sie auf, schöpfen Sie neue Kraft.

8 Drücken Sie nun behutsam Zeigefinger und Daumen zusammen, wie um den erlebten Moment des Wohlseins, der Entspannung zu besiegeln. Dann lösen Sie den Druck der Finger.

9 Öffnen Sie behutsam die Augen und beschließen Sie felsenfest, dass Ihnen das bewusste Zusammenhalten von Daumen und Zeigefinger in Momenten, in denen der Stress Sie ergreift, immer diese innere Ruhe bringen wird, die Sie während dieser Entspannungsübung erlebt haben.

BEGREIFEN SIE IHREN STRESS ALS AUSLÖSER FÜR EINE ZWANGSLÄUFIGE VERÄNDERUNG!

Regelmäßiger Körperscan

Vorbeugen ist besser als heilen! Betrachten Sie Ihren Körper als große Sammelbox für Informationen, die Ihr Geist je nach Tagesform besser oder schlechter manat. Manchmal ist das Gehirn überlastet und kein einziger natürlicher Schutzmechanismus (darunter zum Beispiel die Immunität) funktioniert mehr. Sie finden sich in einem irritierenden Wust an Informationen wieder, dem Sie nicht beizukommen wissen. Ähnlich einer Software, die überflüssige Aktivitäten des Computers ausfindig macht, sollten Sie regelmäßig einen kleinen Scan Ihres Körpers durchführen. So vermeiden Sie Stress!

1 Sie befinden sich in sitzender Haltung. Der Rücken ist gerade, die Fußsohlen stehen auf dem Boden,. Richten Sie Ihre Aufmerksamkeit auf Ihren Kopf. Ist Ihr Gesicht angespannt? Wenn ja, massieren Sie mit Ihren Handflächen, die Sie zuvor aneinander warmgerieben haben, Stirn, Wangen und Hals. Gehen Sie liebevoll vor, es dient Ihrer Entspannung. Wenn Sie gelenkig genug sind, massieren Sie mit den Fingerspitzen sanft Ihre gesamte Kopfhaut und enden am Nacken. Atmen Sie zur Förderung der Entspannung während der ganzen Übung harmonisch.

2 Nun ist der Oberkörper an der Reihe. Beobachten Sie Ihre Lungen: Fühlen Sie etwas Störendes beim Atmen? Falls ja, legen Sie die Handflächen auf Ihren Bauch und blähen diesen beim Einatmen auf. Beim Ausatmen beugen Sie den Oberkörper leicht nach vorn und achten darauf, dass Sie die Lungen ganz leeren. Mehrmals wiederholen.

3 Jetzt zum Becken: Führen Sie es sanft nach vorn, nach hinten, zu beiden Seiten, lassen Sie es erst in die eine und dann in die andere Richtung kreisen. Dabei ruhig atmen.

4 Schließlich die Beine: Stellen Sie Ihren rechten Fuß behutsam auf die Fußspitze, dann rollen Sie das Fußgewölbe nach und nach ab.

Heben Sie den vorderen Fuß an, um der Ferse eine Massage auf dem Boden zu gönnen.

Bewegen Sie den Oberschenkel nach rechts und links, ohne den Fuß vom Boden zu nehmen.

Gehen sie zum anderen Fuß über. Dann nehmen Sie Ihre normale Aktivitäten wieder auf.

FÜHREN SIE DIESEN KÖRPERSCAN EINMAL TÄGLICH DURCH.

Massageöle selbst herstellen

Eine freudvolle und bereichernde Aktivität: Massage- und Schönheitsöle selbst herstellen. Es ist eine gute Gelegenheit, um einen Moment der Entpannung allein zu genießen oder ihn mit Freunden zu teilen. Die hier vorgestellten Massageöle sind vor allem für kleinere Notfälle im muskulären Bereich gedacht. Achten Sie darauf, dass Sie das Öl gut einmassieren, und setzen Sie sich nicht unmittelbar im Anschluss der Sonne aus.

Zum Massieren

◎ Ein einfaches Massageöl für alle Fälle wird aus Lavendelblüten hergestellt: die Blüten ganz lassen und zwei Tage trocknen. Anschließend in ein Glasgefäß füllen.

◎ Das Gefäß bis oben hin mit Bio-Sonnenblumenöl auffüllen. Das Gefäß tagsüber offen draußen in die Sonne, nachts geschlossen nach drinnen stellen.

◎ Verfahren Sie so drei Wochen lang jeden Tag, bevor Sie das Öl verwenden.

Bei Krämpfen

◎ 20 ml rein pflanzliches süßes Mandelöl + 4 Tropfen ätherisches Lavendelöl + 3 Tropfen ätherisches Estragonöl + 2 Tropfen ätherisches Öl des tropischen Basilikum.

Bei Sehnenscheidenentzündung

◎ 20 ml rein pflanzliches Macadamiaöl + 4 Tropfen ätherisches Öl der Immortelle + 4 Tropfen ätherisches Wintergrünöl + 4 Tropfen ätherisches Weihrauchöl.

Bei Muskelriss

◎ 20 ml rein pflanzliches Traubenkernöl + 4 Tropfen ätherisches Öl des Zitronen-Eukalyptus + 2 Tropfen ätherisches Pfefferminzöl + 4 Tropfen ätherisches Öl des tropischen Basilikum.

Achtsamkeitsmeditation

Sie können die fokussierende Meditation (siehe Woche 15) ganz einfach in Ihrem Alltag, in der Familie oder bei der Arbeit, praktizieren. Diese „Meditation bei vollem Bewusstsein" besteht darin, die Dinge so zu sehen, wie sie sind, in jedem Moment, ohne dass der Geist etwas drumherumstrickt, sich Emotionen daran anheften, die uns zu unangemessenen Reaktionen verleiten.

◎ Anfangs ist es sinnvoll, die Meditation zeitlich zu planen, etwa für einen Zeitpunkt, an dem im Büro weniger los ist. Sie nutzen diesen Moment, um sich eine Minute lang auf ein Objekt zu konzentrieren und Ihren Atem zu beruhigen.

◎ Nachdem Sie eine gewisse innere Harmonie gefunden haben, nehmen Sie das, was um Sie herum ist und geschieht, einfach nur wahr und bleiben dabei auf das Objekt fokussiert.

◎ Ihr Kollege läuft vor Ihnen vorbei, Sie stellen schlicht fest: Er geht vorbei – ohne jede Interpretation (also beispielsweise nicht etwa: „Sein Schritt ist so ungeduldig, er ist bestimmt genervt"). Er geht vorbei, das ist alles.

◎ Ihre Augen fokussieren immer noch das Objekt. Sie hören Lärm von weit her. Sie notieren innerlich nur, dass Lärm in Ihre Gegenwart eintritt. Beginnt Ihr Geist abzuschweifen („Schau an, der Lärm kommt vom Bus und der Straße"), kehren Sie sogleich zu Ihrer Konzentration zurück.

◎ Wenn Sie es schaffen, regelmäßig mindestens einmal vormittags und einmal nachmittags derart zu meditieren, haben Sie schon sehr bald die Fähigkeit erworben, Ihren Stress in nur wenigen Momenten nachhaltig abzubauen. 70 % des Stresses resultieren daraus, dass Gedanken oder Emotionen den Menschen überfluten und ihn unter Druck setzen. Daher braucht der Stressabbau ein regelmäßiges Training!

Strukturen schaffen

Unnötiger Zeitverlust bzw. vertane Zeit ist eine Quelle von Stress: die Suche nach den Schlüsseln, sich ständig selbst daran zu erinnern, dass man noch dies und das erledigen muss etc. Oft ist es ein Problem mit dem Gedächtnis oder gar ein schlechtes Gedächtnis, das dazu führt, dass man das Vertrauen in seine organisatorischen Fähigkeiten verliert und einen – gänzlich vermeidbaren – Druck aufbaut. Bestimmte Hilfsmittel wie NLP (Neuro-Linguistisches Programmieren) können Ihnen helfen, diesen überflüssigen Stress zu bekämpfen.

Im Folgenden finden Sie eine allgemeine Checkliste mit Dingen, die Sie ganz leicht realisieren können:

◎ Stellen Sie zu Hause am Eingang eine Ablageschale auf für alles Wichtige, das Sie in Ihren Taschen haben: Wenn Sie nach Hause kommen, legen Sie dort Schlüssel, Portemonnaie, Einkaufsquittungen etc. hinein. Ein solches Behältnis fördert die Selbstdisziplin.

◎ In Ihrem Sekretär oder auf Ihrem Schreibtisch: Ordnen Sie Ihre Post nach „erledigt" und „noch offen". Geben Sie Ihrem Kalender mit den Terminen einen Platz etc.

◎ Legen Sie auf Ihrem Computer eine Datei für alle persönlichen Aufgaben an, die noch ausstehen (Hausarbeit, Internet-Recherchen, Reservierungen oder Auskünfte zum Urlaub etc.).

◎ Heften Sie an Ihren Kühlschrank oder einen für die ganze Familie gut sichtbaren Ort eine Übersicht mit den täglichen Verpflichtungen (Sporttermine der Kinder, Einkäufe etc.), die Termine der Familienmitglieder etc.

Praktische Übung

21 Tage lang nehmen Sie sich täglich für jede Kategorie einige Minuten Zeit: Sie setzen sich hin, atmen ruhig und schließen die Augen. Sie visualisieren sich selbst, wie Sie die Schlüssel, das Portemonnaie, die Einkaufsquittungen etc. in die Schale am Eingang legen.

Wenn Sie das Gefühl haben, dieser Vorgang ist Ihnen gelungen, führen Sie Ihre beiden Zeigefinger zusammen und denken voller Inbrunst: „Jeden Tag werde ich meine Schlüssel, mein Portemonnaie, meine Einkaufsquittungen (Sie zählen alles einzeln auf, das Sie am Eingang ablegen wollen) in die Schale tun." Wenn Sie dann den Eindruck haben, etwas zu vergessen oder zu suchen, legen Sie Ihre Zeigefinger aneinander und lassen die Szene innerlich wieder ablaufen.

Das ist einfach, praktisch und es funktioniert, denn Ihr Gehirn speichert das Bild als gelungene Handlung ab, die Ihnen das Leben erleichtert. Das Gehirn ist eine fantastische Festplatte!

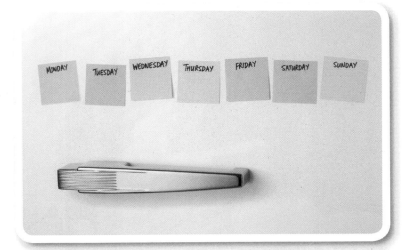

STRUKTURIERT ZU SEIN BEDEUTET, UNBELASTET UND OHNE ZWANG AGIEREN ZU KÖNNEN.

Sich selbst beobachten

Sich in einer positiven Spirale zu befinden, ist ein konkretes Mittel gegen Stress.

Achten Sie auf Ihre Worte

◎ Überprüfen Sie einmal stündlich die Art, wie Sie sich ausdrücken. Ist Ihre Wortwahl immer angemessen oder manchmal unpassend, womöglich aggressiv?

◎ Entsprechen Ihr Ton und Ihre Stimmlage der Situation, die Sie gerade erleben? Welche Art von Worten benutzen Sie?

◎ Bauen Sie Distanz auf und beobachten Sie all dies – auch Ihren Humor. Machen sie sich gerade eher lustig (selbst ohne es zu wollen) oder sind Sie wohlwollend humorvoll? Indem Sie Ihre Art der Kommunikation überprüfen, vermeiden Sie unangenehme Reaktionen, die zu Stresssituationen führen.

Bewusstsein schaffen

◎ Nehmen Sie sich am Ende des Tages 5 Minuten Zeit, um in einem Notizbuch jene Moment zu vermerken, in denen Sie sich als positiv wahrgenommen haben. Schreiben Sie konkret auf, worin sich das manifestiert hat (in Teilhabe, einem guten Rat, einer Entwicklung in der Art, wie Sie auf Menschen zugehen etc.). Wertschätzen Sie sich.

◎ Notieren Sie dann jene Situationen, in denen Sie positiver hätten sein können, und daneben das Verhalten, das Sie wünschenswert gefunden hätten. So stimulieren Sie Ihre Lust nach Entwicklung, ohne sich selbst zu entwerten.

Die positive Visualisierung

◎ Denken Sie an all das, was Sie in naher und ferner Zukunft tun können, wenn Sie eine positive Einstellung leben.

◎ Vor dem Einschlafen, in friedlichem und ruhigem Ambiente, visualisieren Sie sich selbst, wie Sie all diese Handlungen vollziehen.

Während der Nachtruhe wird Ihr Wille gestärkt, ein Verhalten zu entwickeln, dass auf ein positives Leben ohne Stress ausgerichtet ist.

Positive Einstellung erlangen

◎ Ins Zentrum des Kreises nebenan legen Sie ein Foto von sich selbst oder Sie schreiben Ihren Namen hinein. Dann positionieren Sie ganz Ihrem Empfinden entsprechend jene Menschen, mit denen Sie regelmäßig zu tun haben, näher an sich heran oder weiter von sich weg. Zeichnen Sie Verbindungsstriche zwischen jedem Einzelnen und sich selbst und schreiben Sie daneben, wie Ihre Beziehung tatsächlich aussieht, die Probleme und die Freuden, die Entwicklungsmöglichkeiten. Eine amüsante, entspannende und sehr aufschlussreiche Übung!

◎ Schreiben Sie all das nieder, was zur Klärung Ihrer Gedanken nach diesem Mandala beitragen kann:

. . . .

. . . .

. . . .

. . . .

. . . .

. . . .

. . . .

. . . .

. . . .

. . . .

. . . .

. . . .

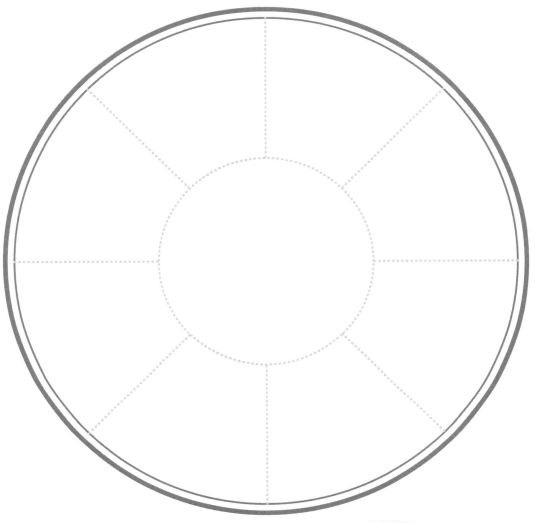

Denken Sie über diesen Satz nach:

Wende dich zur Sonne, der Schatten wird hinter dir sein.

Sprichwort der Maori

Gesundheitstipp

Streichen Sie Ihren Hals abwechselnd mit der linken und rechten Handfläche glatt und dehnen Sie Ihren Kopf nach hinten.

Stress durchbrechen

Viele Menschen finden es normal, dass es jeden Tag Momente gibt, in denen Sie unter Druck stehen oder dass ein angefüllter Arbeitstag Erschöpfung mit sich bringt. Die hier vorgeschlagene Meditation wird Ihnen konkret dabei helfen, die sich durch den Alltag ziehende Abfolge von Stresssituationen zu durchbrechen. Die Meditation ist darauf ausgerichtet, jeden Moment im Leben ganz präsent zu sein, als würde uns jemand kneifen, um uns zurück in die Realität zu holen. Sie beinhaltet zwei Schritte und kann überall praktiziert werden, in der Familie und bei der Arbeit.

◎ Für eine Stunde treten Sie ganz bewusst einen Schritt zurück. Dass heißt nicht, dass Sie an den Aktivitäten in Ihrer Umgebung nicht teilhaben, doch Sie nehmen sich ausdrücklich die Zeit, das, was um Sie herum geschieht, zu beobachten, genau hinzuhören. So halten Sie einige Sekunden ruhig inne, bevor Sie antworten oder sich bewegen, Sie atmen dreimal tief durch, bevor Sie einen Anruf tätigen etc. Mehr braucht es nicht, um den Rhythmus in der Abfolge des gewohnten, oft mechanischen und unkontrollierten Agierens zu durchbrechen.

◎ Dieser Tag für Tag praktizierte kleine Moment des Innehaltens wird dazu führen, dass Sie Ihre Energie nicht länger verschwenden, als wäre sie unendlich. Ihre Stress-Warnmelder nehmen ihren Dienst wieder auf und vor allem: Sie können diese wieder wahrnehmen.

◎ Einmal pro Stunde bleiben Sie ruhig sitzen oder stehen und tun nichts anderes, als zu hören und zu schauen. Sie machen sich bewusst, was genau um Sie herum geschieht. So geben Sie dem, was Sie teilen, wieder Sinn. In Einklang mit sich selbst nehmen Sie Ihr gegenwärtiges Tun engagiert wieder auf.

DIE RÜCKKEHR ZU SICH SELBST FÜR EINIGE MOMENTE KANN AUSREICHEN, UM DIE ABFOLGE VON STRESSSITUATIONEN ZU DURCHBRECHEN.

Körperübung

Man kann es nicht oft genug betonen: Wenn Sie nicht jeden Tag auf eine gute Körperhaltung achten, gewöhnen Sie sich unbewusst ganz schnell falsche Bewegungen zur Kompensation an und werden empfänglicher für Stress. Dies gilt umso mehr für all jene, die im Stehen arbeiten oder ständig zwischen Stehen und Sitzen wechseln.

Führen Sie diese einfache Übungsfolge für das körperliche Wohlergehen regelmäßig einige Minuten durch:

1 Beim Einatmen die Arme heben, beim Ausatmen senken, zehnmal.

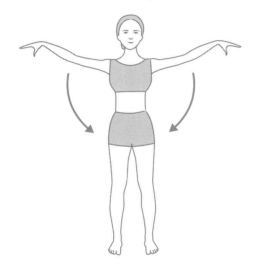

2 Die Übung mit angewinkelten Ellbogen wiederholen, zehnmal.

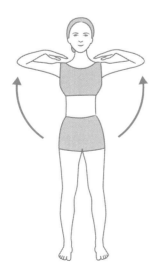

3 Im Vierfüßlerstand beim Einatmen den Bauch einziehen und den Rücken rund machen, beim Ausatmen wieder strecken, zehnmal.

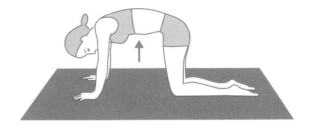

4 In Rückenlage, den Kopf leicht angehoben, von den Händen unterstützt, ziehen Sie die Knie behutsam Richtung Bauch an, zehnmal.

5 Beenden Sie die Übungsfolge in Bauchlage. Sie stützen sich mit den Handflächen auf dem Boden ab, der Blick geht geradeaus: Dehnen Sie Ihren Rücken. Zum Schluss einige Minuten entspannt liegen bleiben.

Gesunde Ernährung

Kleine Tricks helfen, das Gewicht zu halten. Im Folgenden finden Sie einige der sinnvollsten Möglichkeiten, die in der Praxis einfach umgesetzt werden können.

◎ Nicht zu lange heiß duschen! Beginnen Sie die Dusche mit warmem Wasser, das Sie dann zunehmend kälter einstellen. Das regt den Brutkreislauf an und hilft dem Körper zugleich, Giftstoffe zu eliminieren.

◎ Gewöhnen Sie sich an, Hüften, Bauch, Pobacken und Oberschenkel mit einer Noppenbürste zu massieren. Das stimuliert den ganzen Körper und fördert den Wasserkreislauf im Organismus. Sie können anschließend an denselben Stellen eine koffeinhaltige Creme, die Cellulite verringert und die Haut geschmeidig hält, einmassieren.

◎ Bezüglich der Ernährung sollten Sie beachten, dass Zitrusfrüchte (Zitronen, Orangen, Pampelmusen) die natürlichen Abwehrkräfte stärken. Zudem unterstützen Sie den Körper dabei, besser mit Anfällen von Müdigkeit und Stress klarzukommen, und wirken entgiftend sowie verdauungsfördernd.

◎ Für die Gewichtsreduktion auf natürliche Weise ist gutes Kauen ein Geheimtipp. Sie werten die Nahrungsmittel optimal aus und das Gefühl der Sättigung tritt schneller ein. Sie merken einfach, wenn Sie keinen Hunger mehr haben.

◎ Zur Darmreinigung ist alle drei Monate eine Kur mit pflanzlicher Aktivkohle empfehlenswert: Sie lösen eine Woche lang 1 Teelöffel Aktivkohle in Wasser auf. Nehmen Sie in der Folgewoche unbedingt täglich Probiotika zu sich, damit sich die Darmflora regenerieren kann. Verdauung und Immunkräfte werden so gestärkt.

TREIBEN SIE AUSSERDEM SPORT, UM FIT ZU BLEIBEN UND EINE GEWICHTSZUNAHME ZU VERHINDERN.

Musiktherapie

Als Teil der Musiktherapie dient die Klangmassage dazu, Sie mit bestimmten Tönen einzuhüllen. Die Tonfrequenz nimmt Einfluss auf die Zellen Ihres Körpers, sie beruhigt oder regt an – eben diese Wirkung nutzen Sie bei der Auswahl der Art von Musik, die Sie gerade hören möchten. Stresslindernd wirkt allerdings nicht Musik, die zum Träumen anregt, sondern vielmehr solche, die den Geist zur Ruhe bringt – den Geist, der, vom Stress verwirrt, alles zu kontrollieren sucht und den Körper auslaugt.

So können Sie sich mittels Musik vom Stress befreien:

1 Legen Sie sich so hin, dass Ihre Fußsohlen 10 cm von den beiden Lautsprecherboxen entfernt sind. Unter dem Fußgewölbe befinden sich zahlreiche Reflexzonen und zugleich ein Chakra, das die Energie wie ein Saugnapf aufnimmt.

Wählen Sie eine Musik, die Sie wieder erdet, auf der Basis sanfter Perkussion, mit basslastigen Instrumenten wie Violoncello oder männlichem A-capella-Gesang.

Richten Sie Ihre Aufmerksamkeit ganz auf Ihre Fußgewölbe, als seien sie selbst die Lautsprecher. Lassen Sie die Klangmassage ihren Lauf nehmen.

2 Die Lautsprecher stehen zu beiden Seiten Ihres Körpers auf Höhe der Rippen und nah an der Haut. Wählen Sie eine sanfte, einhüllende, behütende Musik mit milden Klängen, ohne laute Perkussion oder hohe, harte Töne wie von einer Glocke. Spüren Sie, wie die Klangwellen Ihren Körper erfassen.

3 Beenden Sie die Klangmassage mit den Lautsprechern hinter Ihrem Kopf. Legen Sie eine Musik mit hohen Klangfarben auf, mit Instrumenten wie Harfe oder Oboe. Hören Sie mit Ruhe zu.

So haben Sie die drei „Etagen" des Körpers in Harmonie gebracht. Sie können auch Geräusche aus der Natur nehmen, etwa den Klang der Wellen, eines Wasserfalls, von Wind und Wald, Vögeln oder Bächen.

MUSIK BEEINFLUSST UNSERE EMPFINDUNGEN. NUTZEN SIE DAS.

Hausgemachte Körperpflege

Körperpflege ist mit Duschen allein nicht getan! Indem man sich um seinen Körper kümmert, tut man zugleich der Seele Gutes – etwa mit Streicheleinheiten –, das haben heutzutage viele Menschen verstanden. Hier finden Sie Rezepte für einige hausgemachte Mittel, die preiswert und effizient zugleich sind.

Peeling zum Entfernen abgestorbener Hautpartikel

◎ Nehmen Sie ½ Tasse grobes Salz und ein kleines Schälchen Rosmarinöl, um die Haut zu kräftigen.

◎ Tunken Sie Lappen oder Schwamm in das Öl und anschließend in das Salz, reiben Sie ihren Körper mit kreisenden Bewegungen ab, wobei Sie sich besonders den Gelenken (Knie, Ellbogen) widmen.

◎ Mit warmen Wasser abspülen und dann eine Feuchtigkeitscreme auftragen.

Feuchtigkeitspflege mit Schokolade

◎ Angenehm und für alle Hauttypen geeignet!

◎ Vermischen Sie 2 Esslöffel nicht gezuckertes Kakaopulver, 1 Esslöffel Crème fraîche und 1 Teelöffel beliebiges Pflanzenöl.

◎ Zwanzig bis dreißig Minuten einwirken lassen, dann mit warmem Wasser abspülen.

Anti-Stress-Badezusatz aus Zitrusfrüchten

◎ Verwenden Sie eine Viertel Tasse Zitronenzesten, eine Viertel Tasse Orangenzesten, 1 Esslöffel getrocknete Petersilie und 1 Esslöffel getrockneten Beinwell.

◎ Alle Ingredienzen in die Wanne geben und warmes Wasser einlaufen lassen. Tauchen Sie für zwanzig Minuten ein in dieses wohlige Bad mit Zitrusfrüchten.

Beruhigende Augenpflege

◎ Zur Entspannung von Augen, die nach stundenlanger Bildschirmarbeit müde sind, ist Kornblumen-Hydrolat bestens geeignet.

◎ Geben Sie einige Tropfen auf zwei Wattepads, mit denen Sie Ihre geschlossenen Augen bedecken.

◎ Bleiben Sie zur Erholung eine Viertelstunde mit den Pads liegen. Sie werden sich danach tiefenentspannt fühlen.

Gelöstheit durch Gehen

„Den Boden unter den Füßen verlieren", „den Verstand verlieren" – dies sind Redensarten, die ihren vollen Wortsinn entfalten, wenn der Stress uns überrollt. Regelmäßiges Gehen, selbst langsam, selbst über kurze Strecken, stellt Ihnen ein ganzes Set an unerlässlichen Mechanismen zur Regulierung des Nervensystems zur Verfügung.

Hier finden Sie einige Beispiele, wie man Stress durch Gehen vermindern kann. Von großer Bedeutung ist in jedem Fall die regelmäßige Ausübung. Beachten Sie, dass die ersten Minuten immer dazu dienen, Bewegungs- und Atemrhythmus aufeinander abzustimmen. Seien Sie beim Losgehen also immer besonders achtsam mit Ihrem Körper. Es nutzt nichts, einfach loszustürmen, wenn Sie bereits nervös oder müde sind – der große Irrtum vieler Jogger.

Gehen, um das Abschweifen der Gedanken zu mindern

1 Gehen Sie langsam los. Wenn Sie merken, dass Ihr Blut gut zirkuliert, sind Sie warm und die Bewegung kann rhythmischer werden.

2 Fixieren Sie bewusst ein Objekt weit vor Ihnen: einen Baum, ein Feld, eine Laterne, einen Häuserblock. Zugleich lassen Sie Ihre Gedanken davonziehen. Gewinnen Träumereien die Oberhand, lenken Sie Ihre Aufmerksamkeit zurück auf das fixierte Objekt.

3 Gehen Sie so mindestens 10 Minuten lang. Massieren Sie am Ende Ihre Muskeln und Oberschenkel.

Gehen, um sich zu zentrieren

Das Grundprinzip ist dasselbe wie bei der vorherigen Übung, doch dieses Mal gehen Sie abwechselnd vorwärts und rückwärts. Vorwärts sind die Augen auf den Boden, rückwärts gen Himmel gerichtet. Dies hat eine ausgleichende Wirkung auf das Gehirn, es kommt ins Gleichgewicht. Gut zu wissen: Beim Rückwärtsgehen werden besonders die vorderen Oberschenkelmuskeln trainiert. Vorsicht: Achten Sie auf Stufen!

Gehen, um sich weich zu fühlen

Sie wählen einen Ort, der eine natürliche Schönheit besitzt oder in besonderer Weise dazu angetan ist, Sie sanftmütig zu stimmen. Sie lassen Ihren Blick beim Gehen herumschweifen, ohne irgend etwas analysieren oder fixieren zu wollen. Sie saugen einfach nur die Stimmung auf. Dieses Gehen dient der Entspannung, die Gedanken verflüchtigen sich von ganz allein.

MIT DEM GEHEN KÖNNEN SIE IHRE NERVOSITÄT GUT REGULIEREN.

Ein sorgenfreies Wochenende

Cocooning – das kann auch die Entscheidung sein, ein Wochenende ausschließlich das zu tun, was Ihnen Freude macht. Im Folgenden finden Sie einige Beispiele.

◎ Ich lese eine Zeitschrift oder ein Buch, das die Gedanken in meinem erschöpften Kopf wegfegt.

◎ Ich koche, worauf ich Lust habe, was Seele und Herz erfreut.

◎ Ich schaue erst auf dem Display, wer anruft, bevor ich mich entscheide, ob ich den Hörer abhebe.

◎ Ich mache nichts Anstrengendes.

◎ Ich nehme mir die Zeit, um all das aufzuschreiben, was mir im Kopf herumschwirrt.

◎ Ich schaue die Sendung im Fernsehen, die ich sehen möchte.

◎ Ich gönne mir ein Mittagsschläfchen und darf im Bett herumgammeln.

◎ Ich besetze das Badezimmer, um in Ruhe ein Peeling zu machen.

◎ Ich gönne mir eine Fußreflexzonenmassage mit ätherischen Ölen.

◎ Ich teste Tees mit unaussprechlichen Namen, die schon seit Jahrtausenden für ihre wohltuende Wirkung bekannt sind.

◎ Ich gehe allein in einem gehobenen Café frühstücken.

◎ Ich mache eine beruhigende Meditation mitten im Wald.

◎ Ich verliere mich in den Farben und Formen einer schönen Landschaft.

ES SICH GUT GEHEN ZU LASSEN, IST AUCH EINE FORM DES STRESSABBAUS.

Kleine Helfer

Die guten kleinen Allheilmittel!

Açai-Beeren

◎ Die kleinen roten Beeren sind die Früchte einer südamerikanischen Palmenart. Sie stecken voller Antioxidantien, die den oxidativen Stress verringern, und Omega-6-Fettsäuren, die als exzellenter Energieversorger für die Muskeln bekannt sind.

◎ Açai-Beeren können Sie zum Beispiel in Ihren Joghurt mischen.

Panax Ginseng

◎ Ginseng gehört zur Familie der Efeugewächse und ist in China und Korea heimisch. Seine Wurzeln werden genutzt, um die Widerstandskraft des Organismus zu stärken, damit er besser mit Infektionen, nervlichen Belastungen und körperlichen Anstrengungen zurechtkommt.

◎ Das in einer heißen Zitrone aufgelöste Pulver der Ginseng-Wurzel verflüssigt zum Beispiel das Blut und ist beliebt bei Sportlern.

◎ Nicht bei Bluthochdruck oder in der Schwangerschaft anwenden!

Harpagophytum oder Teufelskralle

◎ Diese in Afrika gedeihende Kletterpflanze wirkt hervorragend gegen Entzündungen. Insbesondere bei Rheuma und bei Gelenkbeschwerden wird sie eingesetzt.

◎ Die Teufelskralle wird in Kapselform eingenommen. Sind Gallensteine vorhanden, ist von der Einnahme abzuraten.

Arnika

◎ Die mehrjährige Pflanze wächst in ganz Europa. Sie wirkt stark entzündungshemmend und wird als Schmerzmittel bei Verstauchungen, Sehnentzündungen und Problemen mit der Muskulatur eingesetzt.

◎ In Form von Salbe oder homöopathischen Streukügelchen ist Arnika in der Reiseapotheke unverzichtbar.

Mädesüß oder Wiesenkönigin

◎ Das Wiesengewächs wird aufgrund seiner harntreibenden Wirkung oft in Kräutertees verwendet. Es wirkt entgiftend und ist zusätzlich auch noch entzündungshemmend.

Acker-Schachtelhalm oder Zinnkraut

◎ Wegen des hohen Kieselsäuregehalts dient der Acker-Schachtelhalm zur Remineralisierung des Körpers. Er ist hervorragend geeignet, das Zusammenwachsen der Knochen nach einem Unfall zu unterstützen.

◎ Er wird in Form von Kapseln oder Kräutertee eingenommen.

Zur Ruhe kommen

Eine Entspannungsübung von 20 Minuten Dauer entpricht vom Erholungswert von 2 Stunden Schlaf.

Diese Übungsfolge lässt sich am einfachsten im Liegen ausführen. Atmen Sie über die Nase ein, dabei wölben Sie den Bauch nach außen. Nun richten Sie Ihre Aufmerksamkeit ganz auf die zu entspannende Körperpartie. Beim anschließenden Ausatmen über den Mund oder die Nase versuchen Sie, das betreffende Körperteil vollständig locker zu lassen.

Sie können zu den jeweiligen Körperteilen auch Bilder visualisieren, etwa einen stillen See, einen blauen Himmel, eine friedliche Landschaft ...

Motvieren Sie sich mit Sätzen wie: „Ich fühle mich gut", „Ich öffne mich der Welt", „Ich bin empfänglich"

1 Widmen Sie sich zu Beginn den einzelnen Zonen Ihres Gesichts: den Lidern, den Brauen, der Stirn, der Kopfhaut, den Nasenflügeln, den Wangenknochen, den Wangen, den Ohren, dem Kinn. Achten Sie besonders darauf, den Kiefer und die Lippen zu lockern.

Gehen sie dann über zu den Schultern, den Oberarmen, den Ellbogen, den Unterarmen, den Handgelenken und den Händen.

2 Es folgen der Nacken und die Wirbelsäule. Arbeiten Sie sich allmählich in Richtung Becken vor, wobei Sie die verschiedenen Muskelgruppen an den unterschiedlichen Stellen der Wirbelsäule lockern. Entspannen Sie den Lendenwirbelbereich besonders intensiv.

3 Machen Sie weiter mit dem Brustkorb, den Hüften, der Taille und der gesamten Bauchmuskulatur.

4 Sie lockern auch das Becken, die Pobacken, den Beckenboden dann die Oberschenkel, die Knie, die Waden, die Knöchel und die Füße, bis hinunter zu den Zehenspitzen.

5 Beenden Sie die Übung mit der Vorstellung, dass sich die Energie von den Füßen bis zum Kopf aufsteigend harmonisch verteilt.Nun machen Sie einige Dehnübungen für Hände und Füße und öffnen die Augen – oder Sie bleiben zum Schlafen liegen.

Yin und Yang

◎ Ihre gesamte Lebensenergie verdankt sich dem dynamischen Wechselspiel zweier Energien, dem Yin (weibliche Energie) und dem Yang (männliche Energie). Es braucht ein gutes Gleichgewicht zwischen diesen Kräften, damit Ihr Körper in Harmonie ist. Beginnen Sie damit, das Tao-Zeichen im Zentrum dieser Darstellung schwarzweiß auszumalen und verwenden Sie für die Segmente am Rand sanfte Farben.

◎ Rufen Sie sich mit einigen Worten Ihre Wünsche nach Harmonie und Freude in Erinnerung:

. . . .

. . . .

. . . .

. . . .

. . . .

. . . .

. . . .

. . . .

. . . .

. . . .

Denken Sie über diesen Satz nach:

Es ist eine schöne Harmonie, wenn das, was man macht und sagt, zusammenpasst.

Montaigne

Gesundheitstipp

Atmen Sie einige Momente mit dem Bewusstsein, dass Sie Ihrem Körper beim Einatmen eine sanfte Energie (Yin) zuführen, während die Aktivität des Ausatmens dem Yang entspricht – und dass diese beiden Energien ununterbrochen verbunden sind.

Ätherische Öle helfen

Duftspender für ätherische Öle sind in Wohn- und Büroräumen immer häufiger anzutreffen. Die Öle können beruhigen, beleben, das Einschlafen fördern oder einfach der Umgebung eine frische oder freundliche Note geben. Im Folgenden finden Sie einige Ideen für Duftnoten:

Mischen Sie zu gleichen Teileen …

◎ Um aggressive Schwingungen zu beruhigen: Ravintsara (Kampher), Gartenmajoran und Mandarine.

◎ Für aufgeregte Kinder (ab 3 Jahre): dieselbe Mischung wie oben, ergänzt durch Rosmarin und Kamille.

◎ Bei Ängsten: Geranium, Lavendel und Rosenholz.

◎ Wenn die Lungen nicht frei sind: Myrte, Palmarosa, Rosmarin und Ravintsara.

◎ Für die Konzentration: Basilikum, Minze und Föhre.

◎ Bei depressiven Verstimmungen: Ylang-Ylang, Petit Grain (eine Mischung von verschiedenen Zitrusbäumen) von der Bitterorange und Ravintsara.

◎ Bei physischer Ermüdung: Schwarzfichte, Pfefferminze und Föhre.

◎ Bei Halsschmerzen: Teebaum, Zitronenminze und Thymian.

◎ Bei Kopfschmerzen: Pfefferminze, Lavendel und Basilikum.

◎ Bei Nasen-Rachen-Entzündungen: Rosenholz, Teebaum und Thymian.

◎ Bei Nasennebenhöhlenentzündung: Tanne, Eukalyptus und Pfefferminze.

◎ Bei Einschlafstörungen: Ravintsara, Myrte und Zitronenverbene.

Schreibatelier

Sich die richtigen Fragen stellen oder alles im Vertrauen darauf, dass schon alles gut werden wird laufen lassen? Wenn sich Stress aufstaut, heißt das, dass bestimmte Dinge oder Ereignisse nicht beachtet oder geregelt werden. Auch ein Grund für ein Mitteilungsheft, in dem Sie die jeweils aktuellen lebenspraktischen Dinge notieren. Es ist eine Art formelle Bestandsaufnahme. Das ist keine Selbstkontrolle, sondern zeugt von dem Respekt, den Sie sich zollen sollten.

1   Investieren Sie in ein schönes Heft oder einen ansprechenden Block (nicht schwarz, in der Farbe der Trauer, nicht rot, in der Farbe des Bluts). Wählen Sie einen Stift aus, der diesem persönlichen Moment vorbehalten bleibt.

2   Schreiben Sie links all die Dinge untereinander, worin sich Ihr Stress zeigt: Nervosität, Empfindlichkeit, Appetitlosigkeit oder, im Gegenteil, zu viel Appetit etc. Kennzeichnen Sie anschließend mit aufsteigenden Ziffern den Wichtigkeitsgrad der Manifestationen von Stress, die Sie durchleben.

3   Schreiben Sie rechts daneben jene Faktoren untereinander, die den Stress auslösen: schwierige Hierarchien am Arbeitsplatz, Kinder in einer aggressiven Phase etc.

4   Verbinden Sie die Begriffe in den beiden Spalten mit Pfeilen, wenn Sie etwas miteinander zu tun haben könnten. Sie werden sicherlich feststellen, dass ein einziges Ereignis verschiedene Manifestationen von Stress hervorrufen kann und dass sich eben diese durch andere Quellen noch verstärken. Gelegentlich werden Sie bemerken, dass ein Stressfaktor, den Sie eigentlich als weniger wichtig eingestuft haben, wie ein Zünder für andere, viel schwieriger zu kontrollierende Faktoren wirkt.

5   Schreiben Sie anschließend einfache Lösungen auf, mit deren Umsetzung Sie all das wieder geraderücken könnten. Machen Sie diese Form der Bestandsaufnahme alle zwei Wochen. Sie werden feststellen, dass sich Ihre Prioritäten nach und nach ändern und Ihr Stress immer beherrschbarer wird.

ERKENNT MAN DIE QUELLEN DES STRESSES, KANN MAN IHN BESSER ENTSCHÄRFEN.

Tägliche Anti-Stress-Aktionen

Hier finden Sie eine kleine Sammlung von Maßnahmen gegen konkrete Auswirkungen von Stress, dem wir alltäglich ausgesetzt sind.

◎ Allgemeine Muskelverspannung: Ziehen Sie leicht an den Ohrläppchen und rollen Sie dann vorsichtig die Konturen des Ohrs ein wenig ein. Bewegen Sie Ihre Zeigefinger massageartig über beide Seiten des Kiefers, wobei Sie abwechselnd Druck ausüben und nachlassen. Präventiv alle zwei Stunden fünf Minuten lang ausführen.

◎ Plötzlich auftretende Angst oder Panik: Kreuzen Sie Ihre Arme vor der Brust, verschränken Sie die Hände ineinander, kreuzen Sie die Beine und drücken Sie die Zunge gegen den Gaumen. Atmen Sie regelmäßig, bis Ihre Ängste verflogen sind.

◎ Müde Augen: Reiben Sie Ihre Handflächen aneinander warm und legen Sie sie auf Ihre Augen. Stellen Sie sich vor, dass Ihre Handflächen den Stress aufsaugen und Ihren Geist beruhigen.

◎ Anfall von Müdigkeit: Massieren Sie die beiden Daumenballen.

◎ Emotionale Anspannung: Ertasten Sie mit dem Zeigefinger die kleinen natürlichen Vertiefungen, die sich auf der Linie zwischen den Brüsten befinden, und massieren Sie die Punkte gut. Das beruhigt die Emotionen.

◎ Angespannter Bauch: Massieren Sie mit dem linken Zeigefinger den Punkt, der genau zwischen dem Zeigefinger und dem Daumen der rechten Hand liegt. Wenn Sie beim Druckausüben Schmerz empfinden, ist Ihr Darm verstimmt. Verfahren Sie ebenso mit der anderen Hand.

◎ Mentale Anspannung: Massieren Sie intensiv Ihre Kopfhaut. Ergreifen Sie Haarbüschel für Haarbüschel, bis Sie alle Haare in der Hand hatten, und massieren Sie Ihren Schädel dann mit allen zehn Fingern, als wollten Sie unter der Dusche auch den letzten Rest von Shampoo herausholen.

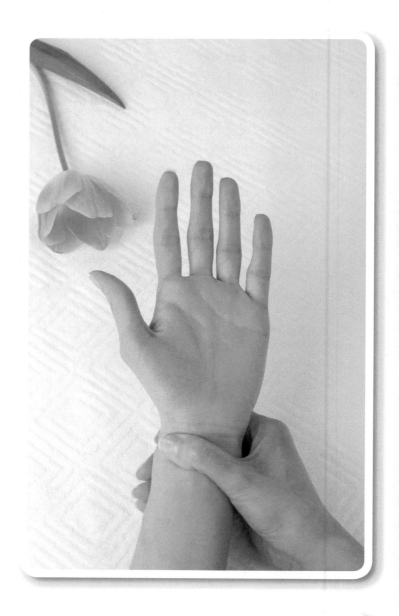

AUF PRÄZISE ERSCHEINUNGSFORMEN VON STRESS KÖNNEN SIE MIT JEWEILS GANZ BESTIMMTEN GESTEN REAGIEREN.

Über Emotionen nachdenken

◎ Lassen Sie die Sonne die Wolken durchbrechen und Ihr Herz erwärmen. Malen Sie die Sonnenstrahlen farbig aus und geben Sie der Erde, die Ihr Sein symbolisiert, fröhliche Farben.

◎ Notieren Sie, was Sie aktuell brauchen, um Ihre innere Entwicklung zu fördern:

Denken Sie über diesen Satz nach:

Die Wahrheit ist die Sonne des Geistes.

Luc de Clapiers, Marquis de Vauvenargues

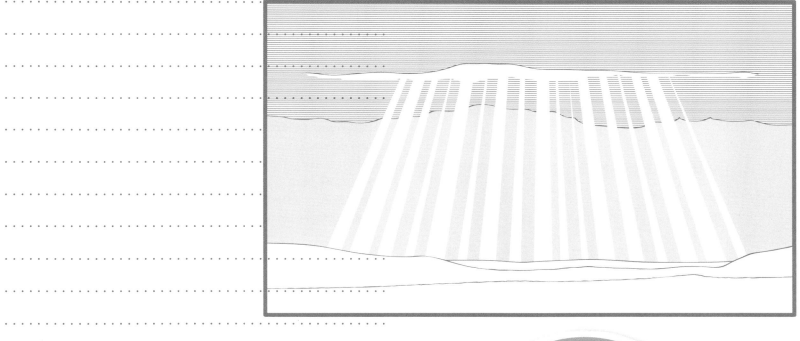

Gesundheitstipp

Lassen Sie sich Zeit beim Malen und legen Sie sanfte Musik auf, die Ihnen das Loslassen erleichtert.

Anti-Stress-Tipps

Sie bewältigen den Abbau von Stress unter anderem, indem Sie bestimmte Methoden regelmäßig anwenden und erproben. Widmen Sie sich hier erneut der Weiterentwicklung Ihres Wohlseins, indem Sie Ihr Lächeln, Ihre grundlegenden Bedürfnisse, die Worte, die Ihnen wichtig sind, einbringen. Im Folgenden finden Sie einen Leitfaden für eine Entspannungsübung – ihr Kern ist das Element Licht, hier als weiß charakterisiert. Sie können es jedoch auch eine blaues Licht wählen, wenn das beruhigender auf Sie wirkt, oder grünes, wenn das für Sie für Heilung oder mehr Sauerstoff ausdrückt. Führen Sie die Übung mindestens einmal wöchentlich aus, um von der positiven Wirkung zu profitieren.

1 Legen Sie sich mit geschlossenen Augen hin. Atmen Sie dreimal tief ein und aus. Wölben Sie beim Einatmen zuerst den Bauch, dann die Brust nach außen.

2 Spannen Sie für einige Sekunden sämtliche Muskeln des Körpers an, lassen Sie die ganze Spannung dann auf einmal los.

3 Stellen Sie sich nun ein sanftes, weißes Licht vor, das über Finger und Füße in Sie eintritt. Spüren Sie die Wirkung. Verkrampfen Sie sich nicht, weil Sie unbedingt das Bild sehen möchten, lenken Sie Ihre Aufmerksamkeit einfach auf die Lust an der Entspannung.

4 Behalten Sie im Bewusstsein, dass dieses Licht Ruhe, Entspannung, Stille und Frieden hervorruft und dass Ihr ganzer Körper davon profitiert.

5 Sanft lassen Sie das weiße Licht über die Beine aufsteigen und fühlen, wie es Ihre Füße, Ihre Waden, Ihre Knie, Ihre Oberschenkel lockert und löst. Das Licht glänzt immer stärker und steigt über Ihren Bauch und Ihre Brust auf, es verbreitet sich über Ihre Arme und Ihre Hände. Schließlich zirkuliert dieses lebendige Licht in Ihrem Kopf und entspannt jeden Muskel Ihres Gesichts. Sie lassen das Licht in einem weiteren Durchgang noch einmal von Ihren Füßen bis zum Kopf durch Ihren Körper laufen und fühlen sich gut und in Harmonie.

6 Fügen Sie nach und nach Begriffe hinzu, die Ihre Bedürfnisse benennen: sanftes Licht, Wärme oder Kälte, anregendes oder beruhigendes Licht ...

Heilkraft aus der Natur

Manchmal sind die Heilmittel, die schon unsere Großmütter anwendeten, höchst überraschend. Zum Beispiel hilft Klette nicht nur in einer Lotion gegen Akne, sondern auch als Aufguss. Im Folgenden finden Sie einige Tipps, wie Sie grundlegende und wirksame natürliche Heilmittel herstellen können.

Akne

Geben Sie 1½ Handvoll gemischte Wurzeln und Blätter der Klette in 1 Liter kochendes Wasser. zehn Minuten ziehen lassen.

Während einer Woche einmal täglich auf das Gesicht auftragen.

Aphten (Schädigungen der Schleimhaut des Zahnfleischs)

Machen Sie täglich drei Minuten lang eine Munddusche mit Aloe-Vera-Saft. Dieses Heilmittel hilft auch bei Zahnfleischentzündungen und Zahnschmerzen.

Nicht offene Wunden und Zerrungen

Geben Sie zur Wundheilung Tonerde auf die Wunde. Bei Zerrungen machen Sie einen Wickel mit Tonerde.

Fieberbläschen

Bringen Sie an zwei Folgetagen für jeweils fünfundvierzig Minuten Eis auf.

Augenringe

Brühen Sie Teebeutel auf und legen Sie die erkalteten Beutel für 20 Minuten auf die Augen.

Warzen

Sammeln Sie Feigenblätter und zerdrücken Sie diese, um den milchigen Saft zu gewinnen. Fünfzehn Tage lang jeweils morgens und abends für fünfzehn Minuten auf die Warze streichen.
Ein anderes Rezept: Höhlen Sie eine Zwiebel aus und füllen Sie diese mit grobem Salz. Die Warze fünfzehn Tage lang jeweils morgens und abends mit der Flüssigkeit, die die Zwiebel abgibt, bestreichen.

DIE NATUR SCHENKT IHNEN HEILMITTEL FÜR ALLE MÖGLICHEN ÜBEL. DENKEN SIE DARAN!

Autosuggestion

Die Autosuggestion ist ein einfaches Mittel, sich selbst zu helfen, indem man bewusst ein bestimmtes Schema mentaler Arbeit anwendet. Dieser Vorgang ist keineswegs wie die Programmierung eines Roboters zu verstehen, vielmehr stellen Sie Ihrem Geist eine Technik zur Verfügung, mit der er direkt auf Ihre Gedanken Einfluss nehmen kann. Diese entwischen Ihnen manchmal in Zeiten, wenn der Stress bestimmte Grenzen überschritten hat, sodass Müdigkeit oder Nervosität selbst die grundlegensten Reaktionen bestimmen. Die Autosuggestion ist dazu da, Sie von Konditionierungen und negativen Vorstellungen zu befreien. Dafür müssen Sie Worte und Sätze finden, die Bewusstsein und Unbewusstes nicht in Konflikt bringen. Ihre Worte dürfen nicht Ihren Überzeugungen widersprechen. Es ist eine Art Stimme der Mitte, die sich zunehmend in Ihrem Unterbewusstsein etabliert und das Bewusstsein bestimmt.

1 Formulieren Sie einen kurzen Satz, der Ihr Ziel zusammenfasst, etwa: „Von Tag zu Tag werde ich ruhiger und entspannter, ich lasse mich nicht vom Stress erdrücken."

2 Sie können Ihr Gehirn leichter beeinflussen, wenn Sie Ihre Atmung bewusst einsetzen. Eine tiefe Atmung fördert die Alpha-Wellen (dem Schlaf ähnlich), so kann der Gedanke sich besser festsetzen:

◎ Viermal tief ein- und ausatmen.

◎ Zählen Sie beim Einatmen bis 5, beim Anhalten der Luft bis 7, beim Ausatmen bis 9. Achtung: Hier sind keine Sekunden gemeint! Passen Sie die Geschwindigkeit, in der Sie zählen, Ihrem Lungenvolumen an. Wenn Sie das Gefühl haben, zu hyperventilieren, unterbrechen Sie die Übung. Entspannen Sie sich und beginnen von vorn. Den Zyklus zehn- bis zwölfmal durchführen.

3 Entspannt, wie Sie nun sind, wiederholen Sie ohne Unterlass Ihren Aussagesatz, begleitet von der Überzeugung, dass er ohne jeden Zweifel wahr wird. Machen Sie dies 21 Tage lang.

Energie-Mandala

◎ Ihre Vitalität erhalten Sie sich, indem Sie auf Ihre vitalen Bedürfnisse achten. Malen Sie zuerst den Stern in der Mitte des Mandalas, ein Symbol für Ihre wachsende Energie, farbig aus und fahren Sie dann zu den Rändern hin fort. Benutzen Sie warme Farben (Rot, Orange, Gelb).

◎ Schreiben Sie auf, was Sie in Ihrem Leben antreibt (z.B. Familie, Arbeit, Freunde):

....

....

....

....

....

....

....

....

....

....

....

....

Denken Sie über diesen Satz nach:

Geben ist eine Freude; sich selbst zu geben ist die höchste Freude.

Marie Valyère

Gesundheitstipp

Klopfen Sie auf Ihre Unterarme, um sie zu stimulieren und Ihre Muskeln zu entspannen. Gerade diese Muskeln müssen häufig vielfältige Mikrobewegungen ausführen (beim Benutzen der Computermaus, des Smartphones etc.).

Die Energie der Bäume

Hier kommt ein fröhlicher Baumspaziergang! Der Wald quillt über vor Energie, die Bäume haben unsagbar viel davon, sei es Yin oder Yang. Lassen Sie sich von sanften und entspannenden Streicheleinheiten der Pflanzen verführen. Folgen Sie der Beschreibung!

1. Es ist wichtig, dass Sie zuerst einen für Sie dominanten Baum ausmachen. Es muss nicht der höchste sein, vielmehr wählen Sie den, der für Sie am auffälligsten ist, eine persönliche Note hat, sich von den anderen abhebt. Hat der Baum oben dichtes Astwerk, das sich zum Boden hin neigt (Typ alte Eiche), bekommt er seine Energie vom Himmel. Stellen Sie sich vor, dass er den Antrieb zum Wachsen vom Himmel erfährt. Ist der Baum hingegen schlank und hoch (Typ Pappel), bekommt er seinen Wachstumsschub aus dem Boden und entwickelt sich zum Himmel hin. Seien Sie nicht voreingenommen, wählen Sie den Baum, der Sie am meisten anzieht.

2. Haben Sie „Ihren" Baum gefunden, legen Sie sich so hin, dass Ihre nackten Fußsohlen am Stamm anliegen. Lassen Sie das Milde und Sanfte, das der Energie des Baums innewohnt, sich in Ihren Beinen und Ihrem ganzen Körper ausbreiten. Nehmen Sie sich die Zeit, die Sie brauchen, lassen Sie Ihren Blick über das Blattwerk und die Rinde streifen.

3. Anschließend setzen Sie sich mit dem Rücken gegen den Stamm gelehnt hin. Bewegen Sie Ihren Rücken behutsam nach links und rechts, Sie nutzen das Raue und Runde des Stamms, einem Bären gleich, um sich zu kratzen, zu massieren. Knien Sie sich nun vor den Baum, Ihre Handflächen liegen auf der Rinde. Schließen Sie die Augen und spüren Sie. Womöglich erfasst Sie ein Kribbeln und/oder das Gefühl von Wärme. Gibt es oberirdische Wurzeln, ergreifen Sie diese und verbinden sich so mit der Erdenergie, die aus den Wurzeln strömt.

4. Schließlich stellen Sie sich hin und umfassen den Baum. Bewegen Sie Ihren Oberkörper auch hier nach links und rechts, um sich zu massieren. Nehmen Sie den Holzgeruch wahr, kuscheln Sie mit Ihrem „Baum-Freund".

5. Sie sind nun entspannt und danken dem Baum innerlich. Kehren Sie zu jeder beliebigen Jahreszeit zurück, um Ihre neue Beziehung zu pflegen und von der jeweils so unterschiedlichen Atmosphäre und Energie des Waldes zu profitieren.

DIE ENERGIE DES BAUMES HARMONISIERT IHRE AURA.

Stärkung des Immunsystems

Wussten Sie, dass auch der Darm – ebenso wie das Herz und überhaupt alle Organe – Nervenzellen enthält? Tatsächlich ist es so, dass beschädigte Darmwände Gifte ins Blut entlassen, die sich im Körper ausbreiten und dort großes Übel anrichten können.

Folgende Maßnahmen helfen, Darm und Darmflora gesund zu halten:

◎ Reduzieren Sie nach und nach Produkte aus raffiniertem Getreide wie Weißbrot und Nudeln aus Weißmehl. Verwenden Sie Vollkorn- oder zumindest Halbvollkornprodukte.

◎ Beachten Sie, dass durch unsachgemäßes oder zu langes Garen Enzyme und Vitamine verloren gehen.

◎ Übertreiben Sie es nicht mit Rohkost und frischem Obst, die sehr schnell verdaut werden und der Darmflora keine Zeit lassen, sich zu erneuern. Trinken Sie hingegen viel, um Ihren Darm zu befeuchten.

◎ Nehmen Sie anregende Genussmittel wie Alkohol und Kaffee nur in kleinen Mengen zu sich, da diese die Schleimhäute schädigen.

◎ Ein Zuviel an tierischem Eiweiß vermehrt die Fäulnis im Darm.

◎ Hülsenfrüchte wiederum produzieren mehr oder weniger gut vertragene Gärprozesse.

◎ Stark gewürztes Essen kann sehr leicht zu einer Reizung des Dickdarms führen.

◎ Waschen Sie Obst und Gemüse immer vor dem Verzehr und achten Sie bei roh verspeisten Lebensmitteln besonders darauf, dass sie frisch sind (wie bei Hackfleisch für Tartar, Fisch für Sushi etc.).

Aus all diesen und weiteren Gründen ist es sinvoll, ein- bis zweimal jährlich eine Ernährungsberatung aufzusuchen. Dort berät man Sie bezüglich der richtigen Wahl der Lebensmittel und informiert Sie über deren Auswirkungen auf den Organismus.

ACHTEN SIE STETS AUF IHRE IMMUNKRÄFTE! DIESE SORGEN DAFÜR, DASS DER STRESS NICHT DIE OBERHAND BEKOMMT.

Schreibatelier

Drückt man sich mit ausgewählten Worten bewusst aus, impliziert dies einen Reflexionsprozess und eine Verlässlichkeit der Mitteilung. Hier hingegen geht es um Worte, die dazu einladen, sich gehen zu lassen, zu träumen, zu entspannen, zu genießen. Gefragt ist in keiner Weise die gelehrte Ausdrucksform, sondern, ganz im Gegenteil, das Schlichte und Einfache.

◎ Assoziieren Sie mit jedem Satz eine Farbe, die als unmittelbarer Ausdruck für Entspanntheit und Ruhe steht. Die Imagination und Fantasie werden Ihren Geist beruhigen. Sie können einfach Sätze schreiben oder einen Text mit Einleitung, Inhalt und Schluss – ganz wie Sie möchten. Suchen Sie sich einen ruhigen Ort zum Schreiben und achten Sie auf eine ruhige Atmung.

◎ Die vorgeschlagenen Worte: Sanftmut, Zartheit, Stille, Erholung, Energie tanken, loslassen, sich entspannen, schlafen, träumen, schlendern, sich austauschen, teilen, Momente, Aufenblicke, Klarheit, Offenheit, Berg, Fluss, sanfte Wellen, feiner Regen, Sonne, Sternenhimmel, grünes Gras, Blumen, Farben, Gärten, lachen, lächeln, Kind, Fee, Elfe, Landschaft, blau, orange, Strauch, davonfliegen, schön, rosa Stein, Meer, warmer Wind ...

◎ Rechts können Sie die Worte, die in der Liste oben fehlen (und sich von den vorgeschlagenen unterscheiden können) notieren:

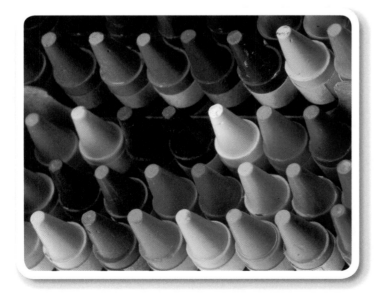

UM KLAR ZU SCHREIBEN, MÜSSEN SIE SICH GEISTIG FREI MACHEN.

Zeit für eine Tasse Tee

In den letzten Jahren hat für viele Menschen der Tee den Kaffee ersetzt, wenngleich er nicht dieselbe „Schubleistung" hat. Trotz der wohltuenden Effekte für Körper und Geist ist zu bedenken, dass auch Teein eine anregende Substanz ist, die je nach Individuum Magen und Verdauung negativ beeinflussen kann. Tee sollte bevorzugt außerhalb der Mahlzeiten konsumiert werden, da er tendenziell die Eisenaufnahme im Körper neutralisiert. Im Folgenden finden Sie einige grundlegende Ratschläge zur Auswahl und dem Genuss von Tee.

Zeit zum Ziehen

Während der Tee zieht, verteilt sich zuerst das Teein im Wasser, gefolgt von den Tanninen, die die Wirkung des Teeins auf den Körper neutralisieren.

◎ Für einen anregenden, aber milden Tee: höchstens eine bis zwei Minuten ziehen lassen.

◎ Für einen nicht sehr anregenden, aber geschmacksintensiven Tee: drei bis fünf Minuten ziehen lassen.

◎ Für einen Tee ohne viel Teein und leicht im Geschmack: Wasser auf den Tee geben und sofort wieder abschütten, ein zweites Mal Wasser aufgießen und nicht länger als zwei Minuten ziehen lassen.

Wählen Sie Ihre Teesorte

◎ Schwarzer Tee (Indien, China): würzig und tanninisch im Geschmack, viel Teein.
Zeit zum Ziehen: drei bis vier Minuten.

◎ Dunkler Pu-Erh-Tee (China): leicht süßlicher Geschmack, mittlerer Gehalt an Teein.
Zeit zum Ziehen: drei bis vier Minute.

◎ Schwarzer Rauchtee (China): rauchiger Geschmack, mittlerer Gehalt an Teein.
Zeit zum Ziehen: vier bis fünf Minuten.

◎ Güner Tee (China, Japan, Indien): frisch oder fruchtig, wenig Teein.
Zeit zum Ziehen: drei bis fünf Minuten.

◎ Weißer Tee (China): feine Aromen, nicht tanninisch, wenig Teein.
Zeit zum Ziehen: zehn bis zwölf Minuten.

◎ Roibuschtee (Südafrika): mild und nicht tanninisch, kein Teein.
Zeit zum Ziehen: fünf bis zehn Minuten.

Körperübung

Einmal wöchentlich sollte man den Stress in einer kleinen Sporteinheit abagieren. Dies fördert zudem den Abbau der im Körper angesammelten Gifte, versorgt den Blutstoffwechsel mit belebendem Sauerstoff und beruhigt mental. Es geht nicht darum, kilometerweit zu rennen, wichtig ist vielmehr, dass Sie vollauf präsent sind in dem, was Sie tun, und sei es ein rasches Gehen. Achten Sie darauf, die richtigen Schuhe zu tragen – und lockere Kleidung, in der Sie frei atmen können.

1 Beginnen Sie mit Atemübungen, um die Lungen-Bauch-Atmung anzukurbeln, und Dehnübungen. Sie stehen aufrecht, die Beine sind gegrätscht. Heben Sie den linken Arm nach oben und legen Sie Ihre rechte Hand auf die rechte Wade: Atmen Sie in dieser Position mehrmals ein und aus. Dann wechseln Sie die Seite.

2 In Rückenlage ziehen Sie mit der rechten Hand das linke Knie zu sich heran und dehnen beim Ausatmen sanft den Oberschenkel. Siebenmal ausführen und dann die Seite wechseln. Falls erforderlich, legen Sie ein Kissen unter die Nieren.

3 Sie sitzen auf dem Boden, der Rücken ist gerade, die Beine sind angezogen. Atmen Sie ein und führen Sie beim Ausatmen den Kopf zu den Knien. Siebenmal ausführen.

4 Beginnen Sie zu laufen, zunächst langsam, um Ihren Rhythmus zu finden. Konzentrieren Sie sich weiterhin auf Ihre Atmung, sie spielt sich ganz von allein ein. Wenn Sie nicht Ihren Kopf einschalten, sondern einfach auf Ihre physische Verfassung hören, respektieren Sie Ihren Körper und werden sich schon bald in Harmonie mit sich selbst fühlen. Der Stress baut sich dabei wie von selbst ab.

5 Schließlich lenken Sie Ihre Aufmerksamkeit ganz auf die schmerzhaften Körperpartien oder ganz auf jene, die sich leicht und entspannt anfühlen. Der wohlwohlende Blick auf Ihren Körper fördert die Entspannung. Lernen Sie, Ihrem Körper zuzuhören, sprechen Sie mit ihm. Er wird es Ihnen danken!

Ruhe durch richtige Atmung

Die richtige Atmung ist ein überaus geeignetes Mittel, um rasch innerlich zur Ruhe zu kommen. Je öfter Sie sich Ihrer Atmung bewusst sind, desto besser können Sie diese in Schlüsselmomenten Ihres Lebens gezielt einsetzen, sei es im Sinne der Heilung oder präventiv, wenn Ihnen eine stressige Situation bevorsteht. Das Ziel ist, dass Sie letztlich in der Lage sind, mit nur wenigen Atemzügen augenblicklich ruhig zu werden.

Über Bewegung

◎ Schließen Sie die Augen, atmen Sie über die Nase ein und öffnen Sie dabei die gekreuzten Arme. Stellen Sie sich vor, dass die Luft auch über Ihre Handflächen eintritt, dass sie durch Ihre Arme fließt, sich in Ihrem ganzen Körper verteilt und Ihre Lungen ausfüllt.

◎ Sie atmen langsam durch den nur leicht geöffneten Mund aus und kreuzen die Arme dabei wieder vor der Brust. Sie stellen sich vor, dass die Luft nicht nur über Ihren Mund, sondern auch oben an Ihrem Kopf und unten an den Fußsohlen austritt.

◎ Sie atmen quasi ein Kreuz. Die Einatmung steht symbolisch für die Horizontale, die Ausatmung für die Vertikale. Mindestens siebenmal hintereinander ausführen.

Über Visualisierung

◎ Atmen Sie langsam über die Nase ein und visualisieren Sie dabei, dass die Luft zirkuliert – sie fließt durch den Bauch, steigt am Rücken entlang hoch und bis zu dem höchsten Punkt des Kopfes.

◎ Dann atmen Sie aus – wenn möglich über die Nase – und während die Luft austritt, setzt sich ihre Kraft fort, steigt hinab über Gesicht und Hals, die Mitte des Brustkorbs und siedelt sich direkt unterhalb des Nabels an.

◎ Die Atemübung siebenmal ausführen.

Über Berührung

◎ Ihre rechte Handfläche ruht in Ihrer linken Handfläche. Beim Einatmen legen Sie Ihre Handflächen gemeinsam nacheinander auf die Stelle unterhalb des Nabels, die Mitte des Brustkorbs und das Zentrum der Stirn.

◎ Beim Ausatmen gehen Ihre Handflächen an die Stelle unterhalb des Nabels zurück. Siebenmal ausführen.

VERBINDEN SIE IHREN ATEM MIT DER IDEE DER PERSÖNLICHEN LIEBE, DES RESPEKTS.

Entspannendes Wasser

Ein Element mit Anti-Stress-Wirkung, das fast überall verfügbar ist, ist das Wasser. Es erlaubt uns, uns schnell zu entspannen und unangnehme Stimmungen oder Emotionen loszuwerden. Hier finden Sie verschiedene Möglichkeiten, Wasser in all seinen Formen zu nutzen.

Als Fußbad

◎ Geben Sie in eine Schüssel mit warmem Wasser eine gute Handvoll grobes Salz.

◎ Baden Sie Ihre Füße einige Minuten darin. So beleben Sie die Nieren und kommen innerlich zur Ruhe, indem Sie sich von negative Energien, die Sie belasten, befreien.

Als Dusche

◎ Platzieren Sie die Brause über Ihrem Kopf. Der warme Wasserstrahl trifft zuerst den Nacken, dann den Scheitel, wechseln Sie so ein paar Mal hin und her und achten Sie darauf, dass die Brause nah an Ihrem Kopf ist, damit Sie die natürliche Massage spüren können.

◎ Massieren Sie nun beide Nebennieren, indem Sie den Wasserstrahl auf die beiden Stellen oberhalb der Nieren richten und den Brausekopf im Wechsel näher heran und wieder weiter weg führen.

◎ Führen Sie den Wasserstrahl auf Ihrem Bauch nur von oben nach unten, vom Sonnengeflecht zum Unterbauch.

◎ Lenken Sie nun den Wasserstrahl auf die Oberschenkel und Waden. Brausen Sie, wenn möglich, auch Ihre Fußsohlen ab. Am Ende führen Sie den Wasserstrahl an beiden Beinen wieder hoch. Das erneuert die Energie.

Zum Trinken

◎ Trinken Sie morgens auf nüchternen Magen ein Glas Mineral- oder Quellwasser (am besten im Wechsel), um Ihren Körper nach dem nächtlichen Stoffwechsel zu reinigen.

◎ Meiden Sie Leitungswasser, denn es ist auch gefiltert, sehr mineralienarm.

Als Bad

◎ Entspannend ist ein Bad immer, doch wenn Sie ihm grobes Salz beifügen (300 g auf den Wannenboden geben) wirkt es noch besser gegen Stress, besonders wenn Sie sich nach einer Arbeit in der Gruppe oder vor Publikum ausgepumpt fühlen.

◎ Bleiben Sie mindestens zwanzig Minuten in der Wann. Tauchen Sie Ihren Kopf mehrfach unter.

◎ Duschen Sie sich anschließend gut ab und shamponieren Sie Ihre Haare. Sie werden merken, dass Sie deutlich entspannter sind als vor dem Bad.

Ätherische Öle

Auf sein Wohlbefinden zu achten, ist ein Schritt auf dem Weg zum Glücklichsein. Auf sich selbst zu achten, kann einem niemand abnehmen. Im Folgenden finden Sie einige ätherische Öle, die entweder getrennt verwendet werden können oder in Kombination, um ihre Wirkung zu verstärken.

◎ Bei großer Traurigkeit: Verwenden Sie einige Tropfen Bergamotte-Öl. Es wirkt belebend, erfrischt und verstärkt die Lust, in eine andere Stimmung zu kommen.

◎ Zur Entspannung, wenn schlechte Neuigkeiten Ihren Geist im Bann halten: Atmen Sie einige Minuten lang Neroli ein. Dieses Öl beruhigt, besonders wenn Sie Ärger verspüren.

◎ Die ätherischen Öle von Bergamotte und Neroli können kombiniert werden. Dann sind sie noch wirksamer, insbesondere beim Auftreten von Angstattacken.

◎ Dieser Kombination fügt man mit Ylang-Ylang-Öl eine fruchtige Note hinzu. Der Geist entspannt sich und wird von negativen Gedanken befreit.

◎ Das ätherische Öl von Lavendel wirkt antiseptisch: Es reinigt von negativen Stimmungen oder durch aggressive Menschen aufgeladene Raumluft und wirkt beruhigend, wenn Zigarettenrauch die Kehle reizt.

◎ Fügt man das Lavendelöl der Kombination aus den drei vorangegangenen Ölen hinzu, verstärkt es die Wirkung .

◎ Mandarine wirkt ohne jede weitere Zutat beruhigend. Die leicht süßliche Note vermittelt Freude, erinnert sie doch an die Frucht, an Kindheit und Zärtlichkeit. Mandarine hift auch beim Einschlafen.

◎ Zitrone allein stärkt den Geist und die Konzentration.

◎ Mischen Sie Zitrone und Mandarine, erhalten Sie einen köstlichen säuerlichen Duft, der beruhigend und tröstlich wirkt, insbesondere bei leichten Ängsten.

Meditation in Aktion

Alles ist entweder schwarz oder weiß, gut oder schlecht, es gibt Dinge, die man tut, und solche, die man nicht tut – dieses mentale Konzept bringt viel Stress mit sich. Bleibt man dieser dualen Sicht der Dinge verhaftet, nimmt man sich die Chance, die weit vielfältigeren Mechanismen sowohl in geistigen als auch emotionalen Belangen zu erkennen. Es kommt zu Frustrationen oder, noch schlimmer: zu Depressionen.

Beschließen Sie, mitten in Ihrem Alltag zu meditieren, also bei der Arbeit, im täglichen Ablauf mit Ihren Kindern oder als Paar. Dazu nehmen Sie sich jeweils eine fünfminütige Pause und gehen wie folgt vor:

1   Ob im Sitzen oder Gehen, Sie hören einige Momente auf Ihre Atmung. Sollten Sie vor sich hin träumen, kehren Sie ins Zentrum zurück, zu ihrer Atmung. Sollte Sie ein Gedanke erfassen, kehren Sie ins Zentrum zurück, zu ihrer Atmung. Führen Sie die Übung fünf Minuten lang durch.

2   Sie beobachten, was um Sie herum vorgeht, ohne zu urteilen. Handlungen finden statt, Sie argumentieren nicht, jemand berührt Sie, Sie interpretieren nicht, ein anderer schaut Sie an, Sie lassen es geschehen, ohne etwas zu denken, ein Kind schreit, das ist sein Recht. Nehmen Sie Abstand ein, verwickeln Sie sich nicht in das, was die Menschen um Sie herum leben, nicht in die Vorgänge und nicht in die Art, in der diese sich abspielen, analysieren Sie nicht. Sie sind weder gut noch schlecht, nicht besser und nicht schlechter als die anderen, lassen Sie die Dinge geschehen. Alles ist akzeptabel, hat ein Recht auf das Sein, auf Autonomie und ganz besonders das Recht ohne Sie, jenseits von Ihnen zu existieren.

3   Kehren Sie anschließend zu Ihren normalen Aufgaben zurück. Wenn Sie diese Übung im Abstandnehmen regelmäßig durchführen, wird Ihnen die Distanz des Nichturteilens mehr Luft zum Leben Ihrer Gegenwart lassen!

Fantasie anregen

◎ Sich vor wichtigen Terminen und Entscheidungen die Zeit zum Auftanken zu nehmen, ist in jedem Fall nützlich und angenehm. Hier finden Sie ein in fünf mögliche Universen zerteiltes Mandala: Wählen Sie für jeden Teil eine eigene Hauptfarbe. Ein bisschen kreative Zeit, allein für Sie!

◎ Notieren Sie einige Worte, die bei Ihnen Abschalten und Entspannung stimulieren:

. . . .

. . . .

. . . .

. . . .

. . . .

. . . .

. . . .

. . . .

. . . .

Gesundheitstipp

Machen Sie kleine Pausen während des Malens: Setzen Sie sich auf die Stuhlkante und dehnen Sie Ihren Rücken. Die Arme sind ausgestreckt, der Nacken ist etwas nach hinten gelegt.

Denken Sie über diesen Satz nach:

Jeder Schritt muss ein Ziel sein.

Jacques Chirac

Ermüdung entgegenwirken

Ständig bilden sich von selbst Gedanken: 60 000 Gedanken täglich sollen vom Gehirn produziert werden, Produkte eines natürlichen Vorgangs, der uns nicht bewusst ist. Diese elektrische Aktivität ermüdet das Gehirn selbst und stört die Aufmerksamkeit, zumal 80 % sich wiederholende Gedanken sind … Ein Übermaß, das Stress produziert und viel Energie für sein Funktionieren verschwendet – auf Kosten des Sehens und Hörens und der Konzentration.

Beim Meditieren können wir lernen, uns auf ein einziges Objekt zu fokussieren, eine Anforderung zu einer Zeit, das nennt man Meditation mit Objekt. Man kann sie überall praktizieren, selbst am Arbeitsplatz, und so die elektrische Aktivität des Gehirns und damit den Stress reduzieren. Hier erfahren Sie, wie Sie kurze Meditationen von 5 bis 10 Minuten durchführen können. Für den Erfolg ist regelmäßiges Praktizieren (zweimal täglich) allerdings unabdingbar.

1   Am einfachsten ist es, Sie richten Ihren Blick auf ein gebräuchliches Objekt, etwa einen Block in Ihrem Büro. Der Block liegt 60 cm entfernt vor Ihnen. Sie sitzen aufrecht, aber nicht verkrampft. Ihre Hände liegen flach auf dem Tisch und Sie blicken auf den Block hinunter. Sie richten Ihre Aufmerksamkeit allein auf den Block (dünn oder dick, quadratisch oder rechteckig, mit Spiralheftung oder nicht, von jener Farbe etc.), ohne jedes Analysieren, Sie betrachten nur.

2   Sie werden feststellen, dass Ihre Atmung bereits zu diesem Zeitpunkt langsamer und ruhiger geworden ist. Während dieser kurzen Meditation denken Sie an nichts anderes als an das, was Sie sehen: den Block. Jedes Mal, wenn Sie versucht sind an etwas anderes zu denken, richten Sie Ihre Aufmerksamkeit auf den Block, seine Form, seine Farbe etc.

3   Wenn Sie ganz auf diesen Block fokussiert sind, vollständig im gegenwärtigen Moment aufgehen, wird Ihnen bewusst, was Sie umgibt, und Sie sind innerlich anwesend, Sie sind beim Wesentlichen und nicht verloren in ermüdenden Gedanken.

Bedeutsame Menschen

◎ Bedauern oder frustriertes Wünschen – wen möchten Sie in Ihrem Leben wiedersehen oder neu begrüßen? Ergänzen Sie in dieser Zeichnung die Silhouette einer Person (wenn auch nur mit einigen Strichen). Sie können auch den Namen aufschreiben, wenn Ihnen das lieber ist. Malen sie dann die Landschaft bunt aus, ganz wie Sie mögen. So geben Sie der Begegnung eine persönlichere Note.

◎ Schreiben Sie auf, was Sie mit dieser Person teilen möchten:

. . . .

. . . .

. . . .

. . . .

. . . .

. . . .

. . . .

. . . .

. . . .

. . . .

Denken Sie über diesen Satz nach:

Liebkosungen begleiten uns durch unsere Kindheit, aber ein einziges Wort der Liebe und es ist unsere Geburt.

Paul Éluard

Gesundheitstipp

Atmen Sie drei Minuten lang länger aus als ein und denken Sie bei jedem Ausatmen daran, sich zu entspannen.

Aufmerksamkeit auf andere richten

Sie können leicht Stress abbauen, wenn es Ihnen gelingt, sich geschickt aus der Abhängigkeit von diesem Zustand zu lösen. Eine hervorragende Methode: Betrachten Sie einen anderen Menschen voller Anteilnahme und Mitgefühl! Unkontrollierter Stress durchdringt alles. Die Tatsache, dass Sie sich auf ein starkes und nach außen, auf einen anderen Menschen gerichtetes Gefühl konzentrieren, dient Ihnen als Impuls, sich von Ihrem eigenen Stress zu entfernen. Anfangs ist es hilfreich, das Gefühl und die Bewegung zu verbinden. Das stärkt Ihren Willen, tatsächlich vom gestressten Sein zur Hingabe überzugehen. Trainieren Sie das regelmäßig, damit es zum Reflex wird.

◉ Sobald Sie sich gestresst fühlen, halten Sie einen Moment inne: Sie atmen ruhig und wenden sich – auch physisch – einem Ihnen nahestehenden Menschen zu. Ist keiner zugegen, legen Sie Ihre rechte Hand auf Ihr Herz und schicken einem bestimmten Menschen ein intensives Gefühl von Liebe. Dabei wirkt die Atmung unterstützend: Beim Einatmen nehmen Sie ein kleines Stück Ihres Herzens auf, beim Ausatmen versenden Sie das Liebesgefühl. Wiederholen Sie dies mehrmals. Dann atmen Sie ruhig weiter.

◉ Wenn Ort und Zeit es erlauben, legen Sie Ihre rechte in die linke Hand. Die Handflächen zeigen nach oben. Halten Sie die Hände einige Zentimeter vor Ihren Bauch. Beim Einatmen gehen Ihre Hände nach oben Richtung Brust und Sie stellen sich vor, wie sie sich mit all Ihren guten Gefühlen, Ihrer Liebe und dem Wunsch zu geben füllen. Beim Ausatmen breiten Sie die Arme aus und schenken der ganzen Welt aus Ihren geöffneten Händen Ihre Wünsche des Gelingens.

◉ Unterbrechen Sie Ihr Tun und Ihre Gedanken für einen Moment und sagen Sie einem Menschen etwas sehr Positives. Oder Sie denken den positiven Satz, wenn das einfacher ist, und gehen weiter Ihrer Beschäftigung nach. Dabei kreist der Satz für zwei bis drei Minuten wie ein Mantra in Ihrem Kopf, verbunden mit dem Wunsch, dass dessen positive Energie der betreffenden Person gut tut.

MITGEFÜHL ÖFFNET IHR HERZ, SIE LASSEN IHREN PERSÖNLICHEN STRESS HINTER SICH.

Mitgefühl entwickeln

Mitgefühl ist ein ausgesprochen starkes Anti-Stress-Gefühl. Indem Sie Ihre Toleranz gegenüber anderen weiterentwickeln, Verständnis für deren Probleme und die Wertschätzung gegenüber deren Glück entwickeln, können Sie nach und nach die Bedeutung dessen relativieren, das Sie in dieser Welt schockt, Sie aber nicht lösen können. Auf diese Weise fördert das Mitgefühl für andere auch die Wertschätzung und den Respekt gegenüber dem eigenen Selbst. Im Folgenden erfahren Sie, wie man diese Haltung konkret durch Meditieren erreichen kann.

1 Setzen Sie sich mit geradem Rücken hin. Atmen Sie einige Momente ruhig und richten Sie Ihren Blick vor sich auf den Boden. Denken Sie an einen Ihnen nahestehenden Menschen, den Sie als sehr unglücklich oder als in seiner aktuellen Situation ohnmächtig wahrnehmen.

2 Schließen Sie die Augen und sehen Sie sich selbst nahe bei dem Menschen, lächeln Sie ihn an, entwickeln Sie ein positives Gefühl für ihn, betrachten Sie ihn mit Wohlwollen. Nehmen Sie ihn tröstend in den Arm, wenn es Ihre Vorstellungskraft erlaubt.

3 Stellen Sie sich vor, wie die Person Ihnen ihre Enttäuschungen mitteilt, die Gründe für ihr gegenwärtiges Unglück, und wie Sie mit Worten des Friedens, der Liebe und Brüderlichkeit antworten. Schließen Sie die Person noch einmal in Ihre Arme, um sie zu trösten. Haben Sie all dies intensiv gefühlt, lassen Sie sich die Person entfernen. Sie ist komplett verwandelt, von ihrem Unglück befreit, erleichtert, sie lächelt. Winken Sie ihr noch einmal freundschaftlich zu und wenden Sie sich langsam wieder Ihrer Beschäftigung zu.

Machen Sie sich diese Haltung zur Gewohnheit. Sie werden sehen: Ihr Herz öffnet sich.

Der Rhythmus des Herzens

Herzkohärenz und positives Denken: Herzkohärenz entsteht, indem Sie Ihren Atemrhythmus bewusst wahrnehmen und dann einen Rhythmus von sechs Atemzyklen (ein- und ausatmen) pro Minute annehmen. Bei diesem Rhythmus arbeiten Ihr Nervensystem und Ihre Zellen harmonisch miteinander.

◎ Für die Herzkohärenz empfehlen Forscher, sich nach und nach Folgendes anzugewöhnen: 5 Sekunden einatmen, 5 Sekunden ausatmen. Natürlich können zwischen Ein- und Ausatmen gelegentlich natürliche Pausen auftreten. Hören Sie auf Ihren Körper. Praktizieren Sie diese Atmung jeden Tag jeweils einmal morgens und einmal nachmittags für fünf Minuten. Bei regelmäßiger Durchführung werden Ihnen diese kleinen Atemübungen unglaublich gut tun. Achten Sie darauf, mit geradem Rücken zu sitzen. Es kann auch hilfreich sein, Ihren rechten Zeigefinger innen auf das linke Handgelenk zu legen, um den Puls und seinen Schlag zu beobachten. Zu fühlen, wie dieser sich beruhigt, ist konstruktiv.

◎ Haben Sie diese Meditation verinnerlicht, assoziieren Sie zusätzlich vier Arten von positiven Aussagen, die Sie mit dem Bestreben aussprechen, dass sie eine starke kreative Energie freisetzen. Zum Beispiel:

◎ Ein Satz zu Ihrer Person: „Ich bin bei guter Gesundheit."

◎ Ein Satz zu Ihrem Engagement für sich selbst: „Ich schaffe mir eine glänzende Zukunft."

◎ Ein Satz zu Ihrem Engagement für das Kollektiv: „Ich werde Harmonie in meinem Umfeld verbreiten."

◎ Ein Satz zu Ihrem Mitgefühl für andere: „Ich achte auf meinen unglücklichen Cousin."

HERZKOHÄRENZ IST EINFACH UND WIRKSAM.

Konstruktiv und positiv denken

Wir vergessen alle viel zu schnell, was wir alltäglich an Schönem erleben, so sehr nimmt uns der Stress die Aufmerksamkeit und Anerkennung für die schönen Erlebnisse des Tages. Es ist wichtig, seinen Geist dazu zu erziehen, die konstruktiven Erlebnisse im Gedächtnis zu behalten. Dafür brauchen Sie sich bloß jeden Tag morgens und nachmittags einige Minuten Zeit zu nehmen.

◎ Das kann auf dem Weg zur Arbeit passieren oder wenn Sie morgens dem ersten Menschen begegnen. Lenken Sie zum Beispiel Ihre Aufmerksamkeit mit Ruhe auf die Croissants in der Auslage der Bäckerei. Wenn Sie lächeln müssen, notieren Sie im Geiste einfach nur: „Croissants und Lächeln". Ihnen begegnet ein Kind, das ein herzergreifendes Gesicht macht, Sie notieren innerlich: „Gesicht und herzergreifend". Das Wetter ist schön – Sie heben den Blick und notieren: „schöner Himmel, freundliches Wetter" etc.

Durch diese schlichte Sichtweise kleiden Sie Ihren Geist mit dem Stoff des Wohlseins aus, und eröffnen sich einen angenehmen Blick auf die Welt rundum und die Menschen, die Sie umgeben.

◎ Wenden sie diese Methode auch bei der Arbeit an, etwa bei einem Meeting. Richten Sie einen bewusst wohlwollenden Blick auf die Menschen, die Sie umgeben, erfreuen Sie sich an kleinen Details, die in einem Umfeld erheitern, in dem viele angespannt sind. Einige werden sich auf die schlecht geknotete Krawatte, andere auf das gelangweilte Grinsen fokussieren. Nicht vergessen: tief durchatmen!

Sie werden feststellen, dass sich der Stress mit diesen Methoden reduziert und dass man in vielen Alltagssituationen Schönes und Positives findet, wenn man sich die Mühe macht, auf all die kleinen Details zu achten, die jeden Moment im Leben passieren.

POSITIV SEIN HEISST AUCH KONSTRUKTIV BLEIBEN!

Anti-Stress-Tipps

Wenn sich ein Tag als schwierig ankündigt, beginnen Sie, ihm bereits am Vorabend Konturen zu geben und beachten Sie die folgenden einfachen Anti-Stress-Ratschläge. Die Last dessen, was kommt, loszuwerden, ist eine präventive Maßnahme, um sich die Distanz und die Energie zu erhalten und so Erschöpfung zu reduzieren.

Am Vorabend

◎ Bereiten Sie sich abends ein Gericht zu, das Sie gern essen. Es sollte jedoch nicht zu proteinhaltig sein und nur wenig Milchprodukte enthalten, damit es leicht verdaulich ist. So vermeiden Sie jede physiologische Überlastung.

◎ Sollten Sie abends fernsehen, meiden Sie brutale Filme und solche, die allzu nachdenklich machen.

Am Morgen

◎ Wenn Sie keine Zeit für eine wirkliche Entspannungsdusche haben, nehmen Sie sich zumindest einige Minuten, um mit der Duschkopf in kleinen Kreisen über den ganzen Körper zu brausen und sich so zu massieren und den Muskeltonus zu aktivieren.

◎ Ein kleines Frühstück auf der Basis von Cerealien ist ideal, denn es versorgt Sie mit der Art von Zucker, die den Blutzucker langsam steigen lässt und Sie bis zum Mittagessen bringt. Nehmen Sie ein paar Nüsse und Mandeln mit, falls doch ein Energieloch auftreten sollte.

◎ In öffentlichen Verkehrsmitteln: Atmen Sie ruhig und achten Sie darauf, dass Sie flach mit den Füßen auf dem Boden stehen, also gut verwurzelt sind. Senken Sie den Blick und visualisieren Sie sich selbst bei der Arbeit. Sie sind voller Energie und Klarheit, kurz: in Höchstform.

Während des Tages

◎ Nehmen Sie sich, sobald Sie können, ein bis zwei Minuten zum Meditieren. Sie beobachten einfach nur, was um Sie herum vorgeht, ohne an etwas Spezielles zu denken. Machen Sie Mini-Pausen, in denen Sie sich der allgemeinen Hektik entziehen. Lösen Sie sich ein wenig von Ihrem Umfeld und schauen Sie nach innen: Was brauche ich gerade? Möchte ich etwas trinken? Vielleicht aufstehen statt zu sitzen?

◎ Reservieren Sie immer Zeit zum Auftanken von Energie. Gehen Sie womöglich allein essen, um aufgeregten oder mürrischen Diskussionen aus dem Weg zu gehen. Verschaffen Sie sich, wenn möglich, fünf Minuten pro Stunde, in denen Sie ganz auf sich konzentriert sind.

SCHAFFEN SIE SICH SCHON IM VORFELD RUHEPUNKTE, BEVOR DER STRESS SIE ERDRÜCKT.

Wohin führt die Zukunft?

◎ Malen Sie den Baum und den Weg farbig an. Was möchten Sie ergänzen, um damit eine glänzende Zukunft zu symbolisieren? Sie können auch ausdrucksstarke Bilder aufkleben.

◎ Erklären Sie mit einigen Worten, was Sie mit dem Bild ausdrücken:

. . . .

. . . .

. . . .

. . . .

. . . .

. . . .

. . . .

. . . .

. . . .

. . . .

. . . .

. . . .

Denken Sie über diesen Satz nach:

Zu hoffen heißt, die Zukunft zu widerlegen.

Emil Michel Cioran

Gesundheitstipp

Legen Sie bei beiden Händen jeweils Daumen und Zeigefinger zusammen. Atmen Sie so mit geschlossenen Augen einige Momente ein und aus, um konzentriert und entspannt zu bleiben.

Bildnachweis: © iStockphoto

© Ullmann Medien GmbH, Rolandsecker Weg 30, 53619 Rheinbreitbach

© der französischen Ausgabe:
Mon année Anti-Stress
Mango Editions, Paris

Alle Rechte vorbehalten.

Text: Gilles Diederichs

Illustrationen: Laurent Stefano

Übersetzung aus dem Französischen: Judith Borchert
Satz: ce redaktionsbüro für digitales publizieren, Heinsberg

Gesamtherstellung: Ullmann Medien GmbH, Rheinbreitbach

www.ullmannmedien.com